MALTE WELDING

HAT DEINE MUTTER KINDER?

NEUE
SEKUNDENSCHAFE

Rowohlt Taschenbuch Verlag

Originalausgabe
Veröffentlicht im Rowohlt Taschenbuch Verlag,
Reinbek bei Hamburg, Dezember 2016
Copyright © 2016 by Rowohlt Verlag GmbH,
Reinbek bei Hamburg
Umschlaggestaltung ZERO Werbeagentur, München
Umschlagabbildung Andrew Bret Wallis /
Getty Images
Satz Janson Text PostScript, InDesign, bei
Pinkuin Satz und Datentechnik, Berlin
Druck und Bindung CPI books GmbH,
Leck, Germany
ISBN 978 3 499 63197 9

INHALT

VORWORT 7

AAAW SCHAFE! 9
Schafe und Kinder 9
Jungschafe 21
Schafe und andere Vierbeiner 26
Schwangere Schafe 35

SCHAFE UND IHR KÖRPER 39
Hungrige Schafe 39
Schafe beim Arzt 54
Sportliche Schafe 58

SCHAFE IN DER MODERNE 61
Schafe und Technik 61
Schafe und Autos 81
Glotzende Schafe 98
Digitale Schafe 106
Shoppende Schafe 115
Jobbende Schafe 127

SCHAFE UND DIE GROSSE
WEITE WELT   135
Reisende Schafe   135
Schafe und Schprache   151
Schafe und die großen Fragen   185
Erfinderische Schafe   197

WILDE SCHAFE   201

VORWORT

Im Sommer 2016 bekam ich ein Päckchen von Rowohlt. Es ist üblich, dass der Verlag, wenn das Buch fertig redigiert und gedruckt ist, dem Autor einige Exemplare zukommen lässt, also dachte ich: «Ah, das neue Sekundenschaf-Buch ist da. Wie schön.» Während ich das Päckchen öffnete, fiel mir etwas nicht ganz Unwesentliches wieder ein: Ich hatte das Manuskript noch gar nicht abgegeben.

Ich beschäftige mich jetzt seit einigen Jahren mit dem Phänomen Sekundenschaf, also dem kurzen Moment, in dem man etwas völlig Idiotisches denkt, und eins hat sich deutlich erwiesen: Klüger wird man dadurch nicht.

Sie können das durchaus als Warnung verstehen.

Robert Musil sprach in seinem Vortrag «Über die Dummheit» von der Schwierigkeit, mit der jeder, der über Dummheit schreibt, konfrontiert ist: dass dieser nämlich von sich voraussetzen müsse, «dass er nicht dumm sei; und also zur Schau trägt, dass er sich für klug halte, obwohl es allgemein für ein Zeichen von Dummheit gilt, das zu tun!»

Ich stecke nicht in diesem Dilemma. Denn wie auch im ersten Band «Sekundenschaf – Dumm für einen Augenblick» stammen einige Schafe von mir selbst.

Immer wieder höre ich von Lesern, wie befreiend es sei, wenn man durch die gesammelten Sekundenschafe merke, dass man nicht allein ist. Wie in jeder Selbsthilfegruppe danke ich nun also allen, die mitgemacht haben, für das Sich-Mitteilen. (Hier muss ich für einen Moment ernst werden: Es ist absolut phantastisch, wie viele tausend Menschen sich ein paar Minuten Zeit genommen haben, um ihre dümmsten Momente aufzuschreiben und auf sekundenschaf.de, der dazugehörigen Facebook-Seite oder auf Twitter zu teilen. Je bekannter das Sekundenschaf-Phänomen geworden ist, desto mehr konnten wir Schafe aus wirklich allen Lebensbereichen sammeln – viele Schafe stammen etwa von einer Schwester Oberin, was mich jedes Mal, wenn ich ein neues Schaf von ihr lese, besonders freut, wahrscheinlich weil ich mich dann immer an Don Camillo und Peppone erinnere – Danke.) Ich bin also nicht klüger geworden, aber ich bin kurz davor, mir einen I ♥ Menschen-Aufkleber aufs Auto zu machen.

Allen anderen: Viel Spaß mit unserer Dummheit.

AAAW SCHAFE!

SCHAFE UND KINDER

Meine Frau und ich haben einen sechsjährigen Sohn.
Immer wenn wir uns vor ihm über etwas verständigen
wollen, das er nicht mitkriegen soll, sprechen wir Englisch.

Gestern waren ein paar Freunde da, ich fand, sie könnten langsam gehen, und so sagte ich zu meiner Frau laut,
aber auf Englisch: «Langsam könnten die aber mal gehen. Sollen wir sagen, wir müssen früh raus?»

Muss ich erwähnen, dass alle am Tisch Englisch ziemlich ordentlich beherrschen?

Beim Aufräumen finde ich einen Puppenschuh und denke
mir, dass der sicher auch bald zu klein sein wird. Kinder-
füße wachsen ja so schnell.

Wir kaufen unserer Tochter für den Urlaub Schwimm-flügel. Bei dem Gedanken, dass alle Modelle gleich aussehen, kommt mir die Idee, dass ich ja etwas draufnähen könnte, damit man sie wiedererkennt.

Meine Frau und ich haben zwei kleine Kinder, mit denen das Abendessen natürlich immer sehr chaotisch ist. Deshalb möchten wir jedem dieser Abendessen wenigstens einen Rahmen geben, indem wir zusammen «Piep, piep, piep, wir haben uns alle lieb» sagen.

Nach viel zu langer Zeit bin ich endlich mal wieder alleine mit meiner Frau in einem ziemlich vornehmen Restaurant, Kerzenschein, ein sehr zuvorkommender Kellner kommt an den Tisch, bringt die Grüße aus der Küche mit, ich greife die Hand meiner Frau und sage: «Piep, piep, piep …»

Ich gehe in einem wunderhübschen Berliner Vorort spazieren und komme an einer tollen Wald-Kita vorbei. Das Gelände sieht super aus, lauter Naturspielmaterialien, kleiner Kletterparcours und Tiere.

Ich denke: «Super, ich schreibe mir mal die Adresse auf und melde uns für die Warteliste an.» Einen Moment später fällt mir ein: Die Kinder sind schon in der 2. und 4. Klasse.

Als Mutter zweier kleiner Kinder lese ich gerne mal in einem Erziehungsratgeber. Heute kam mit der Post die erste Ausgabe eines Kochmagazins, das ich zur Probe abonniert habe. Ich schlage wahllos mittendrin auf und lese als Überschrift «Gären statt garen». Ich wundere mich. Ist das eine neue Erziehungsmethode?

Nebenan weint meine 18 Monate alte Tochter. Bevor ich in ihr Zimmer gehe, klopfe ich an und warte einen Moment.

Im Fernsehen hieß es gerade: «Kinder kennen keine Uhrzeit, wenn sie krank werden.» Ich denk mir: «Die müssen ja auch die Uhr erst noch lernen.»

Beim Spaziergang im Wald verliert mein Sohn seinen Stoffhasen. Natürlich laufen wir, panisch suchend, den ganzen Weg zurück. Als ich plötzlich ein paar Hasenkötel sehe, denke ich: «Ahhh, sehr gut, jetzt haben wir ihn gleich!»

Mein Sohn, damals im Grundschulalter, wollte mit seinem Freund musizieren und nahm seine Blockflöte und die Noten für ein Lied mit, das sein Freund nicht kannte. Er zeigte es ihm und erklärte bei den Atemzeichen: «Und an diesen Stellen musst du atmen!»
Sein Freund spielte Klavier.

Meine zehn Monate alte Tochter schlief endlich ruhig in ihrem Kinderzimmer, und ich nutzte die Zeit, um zu lesen. Doch der noch nicht verrichtete Abwasch ließ mir irgendwann keine Ruhe mehr. Also ging ich in die Küche, um meine Pflichten zu erledigen. Als ich das Licht in der Küche einschalten wollte, dachte ich mir noch: «Schalt nur das kleine Licht ein, das große ist zu laut.»

Beim Gassigang komme ich an einer zugefrorenen Pfütze vorbei. Ich erinnere mich, dass meine dreijährige Tochter das letzte Mal ein Stück der Eisplatte rausgebrochen hatte, um es dem Papa mitzubringen, und frage mich, wo das eigentlich hingekommen ist.

Mein Mann erzählt mir, dass sein Großvater als zweiten und dritten Vornamen die Namen seines Vaters und Großvaters trug, weil das damals so Tradition war. Ich überlege kurz und sage dann: «Zum Glück ist das heute nicht mehr so – sonst würde unsere Tochter ja Heinz Helmut heißen.»

Wir sitzen im Garten, das Baby ist im Kinderzimmer und schläft schon eine Weile. Ich fummele am Babyphone rum, um zu überprüfen, ob die Lautstärke ausreichend hoch eingestellt ist. Plötzlich klingelt das Handy meines Freundes. Vor Schreck lasse ich das Babyphone fallen, weil ich denke, ich hätte ihn aus Versehen angerufen und das Baby könnte jetzt aufwachen.

Ich bin gerade erst Mama geworden, von Zeit zu Zeit überrollt mich die Sorge, etwas falsch zu machen. Nach einigen Wochen fällt mir siedend heiß ein, dass ich meinem Sohn noch nie die Zähne geputzt habe.

Ich liege auf dem Bett und stille mein Baby. Während-dessen klettert mein Dreijähriger auf die Fensterbank und ruft nach einer Weile: «Mama, komm mal, ich komm allein nicht runter!» Ich antworte, dass ich gerade nicht aufstehen könne. Und füge dann hinzu: «Aber geh doch kurz rüber zu Papa, der hilft dir bestimmt.»

Meine vierjährige Tochter skypt mit meinen Eltern. Ich geh kurz raus, und als ich wieder reinkomme, hat sie ein ganz tolles Bild gemalt. Erstaunt sage ich zu meinen Eltern: «Hat sie das ganz alleine gemalt?»

Ich bringe meinen dreijährigen Sohn jeden Morgen zur Kita. Als er sich dort einen Virus eingefangen hatte, fuhren wir stattdessen zum Kinderarzt. Nachdem die kurze Untersuchung beendet war, rief ich ihm – wie sonst jeden Morgen in der Kita – nur zu: «Tschüs, mein Schatz», drehte mich um und wollte gehen.

Ich arbeite als Erzieherin. Da wir mit den Kindern viel draußen sind, bin ich es gewohnt, jedes Mal, wenn ein Kind Gras oder Blätter abreißt, zu sagen: «Nein, das darfst du nicht abreißen, das braucht die Pflanze zum Leben.»
Eines Abends ging ich mit meinem Partner spazieren, und er pflückte für mich eine Blume. Eigentlich eine süße Idee, hätte ich nicht wie immer mit «Nein, das darfst du nicht abreißen, das …» reagiert.

Mein Sohn, damals sechs Jahre alt, bekommt Besuch von seiner Patentante. «Los komm», sagt er zu ihr. «Wir spielen ‹Die Schöne und das Biest› – ich bin das Biest und du bist die Schö- … ach nee, doch nicht …»

Ich laufe kürzlich durch einen Supermarkt. Kommt mir ein Mann im locker sitzenden Muscle-Shirt entgegen, man sieht deutlich seine schlanke und durchtrainierte Figur. Im Einkaufswagen schiebt er einen Maxi-Cosi mit neugeborenem Baby vor sich her. Ich denke im ersten Augenblick: «Mensch, der hat ja eine tolle Figur! Dafür, dass er erst vor kurzem Vater geworden ist.»

Ich sitze im Auto, schiebe die «Drache Kokosnuss»-CD rein, singe fleißig mit und merke nach zehn Kilometern, dass ich ja mal ohne Kind unterwegs bin.

Ich wollte mit kleinen Kindern Osterküken basteln. Da sie filigrane Dinge noch nicht ausschneiden können, wollte ich ihnen mit fertigen Küken-Augen die Arbeit erleichtern. So nahm ich mir ein Blatt Papier, begann mit einem Stift unendlich viele winzige Kreise darauf zu malen, um sie dann mühevoll mit einer Nagelschere auszuschneiden. Als ich schon zahlreiche Exemplare auf dem Tisch liegen hatte, kam eine Kollegin herein, sah mich sichtlich vergnügt an und sagte: «Warum nimmst du nicht einfach einen Locher?»

Ich bin in der Stadt unterwegs und habe meinen Sohn in einer Bauchtrage dabei. (Er ist vier Monate alt.)

Gehe in einen Tabakladen, um für meinen Mann Zigaretten zu holen.

Die Verkäuferin fragt: «Wie alt?»

Ich darauf: «31!»

Verkäuferin: «Tage?»

Ich bedanke mich für das Kompliment, während mir nur langsam dämmert, dass mein Sohn gemeint ist.

Mitten in der Nacht stehe ich auf der Terrasse und rufe laut immer und immer wieder: «Juuuulia! Juliaaaa! Juuuliaaa! Jetzt komm endlich rein, draußen wird es kalt heute Nacht», um unsere Katze, wie jeden Abend, ins Haus zu holen. Nur blöd, dass unsere Katze Lizzy heißt und Julia der Name meiner Tochter ist, die natürlich schon seit Stunden schläft.

Söhnchen im Auto: «Du hast aber die Seitenscheibe toll geputzt!»

Mama: «Nein, sie ist nur offen!»

Mein Baby liegt schon im Schlafzimmer und schläft. Durch das Babyphone höre ich im Wohnzimmer, dass es wach wird. Da ich ohnehin gerade ins Bett gehen möchte, mache ich das Babyphone aus und will mich erheben. Im gleichen Moment denke ich: «Ah, gut, ich höre es nicht mehr, dann wird es wieder eingeschlafen sein», und lasse mich wieder auf das Sofa plumpsen.

Auf der Arbeit, wir unterhalten uns darüber, wie groß wir bei unserer Geburt waren. Meine Kollegin meint, sie sei groß gewesen, 58 Zentimeter. Ich rufe erstaunt aus: «Wow, fast eine Minute!»

Ich unterhalte mich mit einer Freundin über Babyausstattung, Tragetücher usw. Ich erwähne, dass es ja auch spezielle Tragejacken gibt, um die Kinder auch bei schlechtem Wetter am Körper tragen zu können. Sie meint, dass es solche Jacken auch für Männer geben müsste, sonst sei das diskriminierend. Ich überlege kurz, gebe ihr recht und meine: «Aber wahrscheinlich kriegt man das für die Väter nicht. Umstandsmode gibt es ja auch nur für Frauen.»

Wir sitzen in einer Gaststätte und unterhalten uns mit der Wirtin über ihre Tochter. Ein Kumpel kommt herein und setzt sich dazu, als die Wirtin stolz das Smartphone zückt und ein Foto ihrer Tochter zeigt, die im Kleidchen vor einem Wandspiegel posiert. Mein Bekannter: «Ach, wie süß! Wie alt sind die denn?» Die Wirtin hat ihre Fassung als Erste wieder: «Meine Tochter ist sieben und ihr Spiegelbild auch.»

Auf dem Weg zur Arbeit sehe ich ein Polizeiauto, das genauso wie das Spielzeugauto meines Sohns aussieht – und ich denke mir: «Schade, dass er nicht da ist, er würde ihn jetzt bestimmt gerne über die Kreuzung schieben.»

Ich hole meine Tochter (4) und ihre gleichaltrige kleine Freundin von der Kita ab, habe aber in einer Seitenstraße ziemlich weit hinten geparkt und muss ein längeres Stück zurücksetzen. Da fragt die Freundin meine Tochter: «Fährt deine Mama immer rückwärts nach Hause?»

Mein Onkel ging eines Tages mit seinem kleinen Sohn zum Kinderarzt. Der Arzt suchte seine Instrumente zusammen und bat darum, die Schuhe auszuziehen. «Nicht Sie, das Kind!», war sein perplexer Ausruf, als er sich wieder meinem Onkel zuwandte, der bereits einen Schuh ausgezogen hatte.

Gestern beim Elternabend in der Schule.
Der Mathe- und Erdkundelehrer referiert über das anstehende BOGY Praktikum und gibt Beispiele: «Mein einer Sohn hat ein Praktikum bei einem Arzt gemacht und ist heute Arzt. Mein anderer Sohn hat sein Praktikum am Gericht gemacht, ist jetzt aber in einer Bank tätig, und ich habe damals ein Praktikum bei einem Architekten gemacht.»
Ich denke mir: «Hm, bin mal gespannt, was er geworden ist.»

Montagmorgen, ich werde bereits vor dem ersten Klingeln des Weckers wach, was gefühlt einer Premiere gleichkommt. Gewöhnlich stehe ich erst nach dem dritten Einsatz der Snooze-Taste auf. Es liegt ein herrlich entspanntes Herbstwochenende hinter mir und ich bin völlig ausgeschlafen. «Also, was soll's?», sage ich mir. Beginne mit der morgendlichen Routine. Bad, Schulbrot und Frühstück. «So, alles fertig», denke ich mir und checke die Uhrzeit, liege voll im Plan und bin herrlich selbstzufrieden, dass es ja doch klappt, mal ohne Stunk, Streit und Stress fertig zu werden und sogar so zeitig, dass noch ein Kaffee drin ist, bevor wir los fahren müssen und mein Sohn pünktlich in der Schule ist. Bis mir endlich der Grund bewusst wird, wieso der Morgen so herrlich ruhig, ohne den alltäglichen Wahnsinn, verlaufen konnte: Ich habe vor lauter Freude über das frühe Aufstehen das Entscheidende vergessen! Meinen Sohn! Der liegt noch immer selig schlummernd im Bett.

In der Früh muss es mal wieder schnell gehen, und ich greife mir fix zwei Socken vom Wäscheständer, vermeintlich von meinem Mann. Wundere mich kurz darüber, seit wann dieser wohl Socken mit Fußballmotiv im Schrank hat. Na ja, egal, schnell anziehen. Wieso sind die denn so klein, er hat doch Schuhgröße 45, und ich mit meiner 39 bring den Fuß kaum hinein?! Ob die wohl beim Waschen eingegangen sind? Egal, der Fuß muss hinein.

Den Strumpf endlich angezogen, bemerke ich die Aufschrift: «Größe 23–26» und erkenne die Socken schlagartig wieder – es sind die meines zweijährigen Sohnes!

Setze das schreiende Baby ins Auto, schließe die Türe, um mich selbst zur Fahrertür zu begeben, und freue mich, dass die Kleine so urplötzlich gar nicht mehr schreit.

Für unser Neugeborenes haben mein Mann und ich eine Sensormatte gekauft, die unter die Matratze gelegt wird und Alarm schlägt, wenn das Baby im Schlaf aufhört zu atmen. Der Kommentar meiner Mutter dazu: «Aber davon wird es doch wach!»

Mein Kind: «Die drei Könige haben Jesus Weihrauch, Gold und Möhre gebracht.» Ich: «Nein. Das waren Salbei, Gold und Myrrhe.»

Ich passe gerade auf ein einjähriges Mädchen auf. Als ich ihren Schlafsack suche und nicht finden kann, erschrecke ich kurz, weil ich glaube, dass sie ihn vielleicht verschluckt hat.

Vor zwei Monaten wurden wir Eltern. Es ist unser erstes Kind und wir sind dementsprechend stolz und vernarrt in unseren kleinen Sonnenschein. Letzte Woche schaute ich ihn längere Zeit glücklich an, während er zufrieden in meinen Armen schlief. Und während er so da lag und wir beide ganz alleine bei uns zu Hause waren, dachte ich daran, wie schön es bestimmt wird, wenn er mal einen großen Bruder oder eine große Schwester hat.

Ich gebe meiner erkälteten kleinen Tochter ein Medikament in einem Messbecherchen. Sie nimmt nur einen winzigen Schluck, ich sehe, dass der Becher noch fast voll ist, und denke: «Mist, jetzt muss ich es leer trinken, sonst wirkt es nicht.»

In einem bis auf den letzten Platz besetzten Flugzeug fängt zwei Reihen hinter mir ein sehr kleines Baby an, laut zu brüllen. Der Typ neben mir greift in seine Tasche, holt zwei Ohrenstöpsel raus und steckt sie sich in die Ohren. In dem Moment hört das Baby auf zu schreien, und ich denke: «Ui, die Stöpsel wirken aber toll!»

Der Sohn (neun Jahre), kommt nach Hause, zieht sich die Schuhe aus, blickt fasziniert auf seine Füße und sagt: «Jetzt hatte ich den ganzen Tag die rechte Socke linksrum an.»
Ich denke: «Ist der niedlich doof. Gibt doch gar keine linken und rechten Socken ... Oh.»

Passiert mir immer wieder beim Autofahren: Von hinten redet eins der Kinder, und ich versuche, am Radiohebel die Lautstärke hochzudrehen, weil es so nuschelt.

Ich hab zwar noch keine Kinder, doch Babyfruchtbrei esse ich auch mit 30 manchmal ganz gern. Gestern wollte ich eben eines dieser Gläser öffnen und musste ein Geschirrtuch zur Hilfe nehmen, weil es so schwer aufging. Beim Drehen denk ich so bei mir: «Das ist doch fies, wenn ich das schon nicht schaffe, wie soll denn das ein Baby aufbekommen?»

JUNGSCHAFE

Eine Begebenheit aus meiner Schulzeit: Vielleicht so 9. Klasse, genau weiß ich es nicht mehr. Klassenfahrt! Wir kamen mit dem Reisebus an der Jugendherberge an, und unser Lehrer erklärte uns ein paar Dinge zum weiteren Ablauf. Immer wieder erwähnte er den Herbergsvater. Da fragte einer meiner Schulkameraden irgendwann: «Wer ist denn eigentlich dieser ‹Herr Berg›?»

Grundschule, 4. Klasse. Erdkunde. Unser Lehrer, ein Lokalpatriot, war bestrebt, uns alles über unsere Heimatstadt Hamburg beizubringen.

Zur visuellen Verdeutlichung entrollte er zu Beginn der Unterrichtsstunden also eine riesige, schon recht abgenutzte Landkarte und hängte sie auf.

Während seiner Ausführungen las ich die Überschrift auf der Karte. Offensichtlich war nicht nur Hamburg drauf, sondern auch noch eine andere Stadt, von der ich noch nie gehört hatte: «Umgebung».

Zu Hause beim Mittagessen fragte ich dann meine Eltern, ob wir nicht mal nach «Um-gebung» fahren könnten, das müsse ja in der Nähe sein.

Als Kind durfte ich erst Keyboard und dann Gitarre lernen. Die Tasten meines Keyboards waren mit Klebebuchstaben beschriftet, damit ich mir die Tastenfolgen besser merken konnte. Als ich dann mit sieben die Gitarre bekam und mein Vater sie stimmte, bat er mich: «Gib mir mal ein E!» Tja, er bekam einen vom Keyboard abgepulten Klebebuchstaben.

Als Kind sagte ich mal zu meinem Vater: «Die Müllmänner haben einen tollen Beruf. Die müssen nur an einem Tag in der Woche arbeiten.»

In der Grundschule, Matheaufgabe: «Emil kauft eine Fünfziger- und zwei Zwanziger-Briefmarken. Wie viel muss er bezahlen?»
    Ich, vollkommen verwirrt: «Da steht gar nicht, wie viel die Briefmarken kosten!»

Als ich noch zur Schule ging, mussten eine Freundin und ich zum Oberstufenkoordinator ins Büro. Er unterrichtete auch Astronomie, weshalb an der Wand ein großes Poster der Milchstraße hing. Meine Freundin starrte beim Betreten des Büros ganz entgeistert auf das Poster und sagte aufgeregt: «Ach die Milchstraße gibt es wirklich? Ich dachte, das heißt nur bei ‹Peterchens Mondfahrt› so.»

Geschichtsunterricht, etwa 12. Klasse. Es geht um die bayerische Geschichte des 19. Jahrhunderts. Um genau zu sein um Ludwig II. Plötzlich durchzuckt mich ein Gedanke und ich frage laut in die Klasse: «Warum kommt Ludwig II. eigentlich nach Ludwig XIV.? Der war doch schon viel früher!»

Es ging in der Schule um eine Inhaltsangabe zur Geschichte «Brudermord im Altwasser».

Es gab so eine Freundin, die immer die Erste sein wollte und stets von sich überzeugt war.

Auch in diesem Fall wollte sie natürlich ihre selbstverfasste Inhaltsangabe laut vor der Klasse vortragen.

Gespannt lauschten alle ihrer Geschichte, als sie verlas:

«Das Boot schaukelte so stark und der kleine Bruder verlor das Übergewicht und musste ertrinken.»

Als ich acht oder neun war, wollte ich meiner Mutter beim Backen helfen. Sie sagte mir, was ich tun sollte: «Nimm eine große Schüssel aus dem Schrank und das Mehl, und dann gib drei Esslöffel in die Schüssel.» Als sie hinsah, lagen drei silberne Esslöffel in der Schüssel.

Zu einer Zeit, als in Schulen noch mit Overheadprojektoren und Folien gearbeitet wurde, bearbeitete unser Physiklehrer eine komplizierte Aufgabenstellung mit uns. Dabei kam er selbst etwas aus dem Konzept und begann, hektisch in den Berechnungen, die von der Folie auf dem Overheadprojektor an die Wand geworfen wurden, herumzukritzeln und neue Formeln aufzuschreiben.

Das Lachen aus der Klasse nahm er zuerst als Reaktion

auf seine Ratlosigkeit war – bis er bemerkte, dass er in seiner Aufgeregtheit statt auf die Folie in dicken großen Zahlen direkt in die Projektion auf der weißen Wand schrieb.

Als Mitte der Achtziger alle Ampeln auf meinem Schulweg mit dem Blindensignal ausgestattet wurden, war das zuerst ein großes Mysterium für mich.

Ich konnte mir einfach keinen Reim darauf machen, wieso diese Ampeln jetzt so nervtötend piepten. Immerhin sieht man ja, wenn's grün wird …

Eines Tages klärte mich dann eine Schulfreundin auf dem Weg nach Hause darüber auf, dass das eine Hilfe für blinde Menschen ist. Das warf für mich wiederum eine weitere Frage auf, die ich auch sofort stellen musste: «Ja, und was machen dann die tauben Leute?»

Als ich in der schriftlichen Abiturprüfung saß und ein Gedicht interpretieren musste, war in der Fragestellung die Rede von einem Poeten. Ich habe mich ganze 15 Minuten gefragt, was denn bitte ein Pöt sein soll.

Noch in der Schule. Die Klausurbögen werden ausgeteilt, und ich denke: «Wenn ich was nicht weiß, kann ich bei meiner Freundin abschreiben», schiele rüber und schreibe auf meine Klausur in das dafür vorgesehene Feld IHREN Namen.

Der Heilige Abend vor 30 Jahren: Baum steht im Wohnzimmer, fängt an zu brennen. Mein Vater sagt zu meiner Mutter, die gerade das Festessen kocht: «Schnell,
löschen, den Wassertopf vom Herd, der Baum brennt!»
Und meine Mutter schreit zurück: «Geht nicht, das Wasser ist doch heiß!»

Als ich klein war, waren meine Eltern Besitzer eines
kleinen Tante-Emma-Ladens, und als ich einmal dabei
war, wie sie ein paar Sachen einpackten, die wir zu Hause
brauchten, sagte ich: «Ihr habt vergessen zu bezahlen!»

In meiner Schulzeit übersetzte eine Mitschülerin einmal
die Überschrift «The Hero and the Heroine» (also «Der
Held und die Heldin») mit «Der Held und das Heroin».

Ich als Erstklässlerin am ersten Schultag. Die Lehrerin
fragt jeden etwas. Mich fragt sie, ob ich Geschwister
habe. Den Ausdruck kenne ich nicht, und das hört sich
so nach «Schwester» an. Also sage ich: «Nein», füge aber
sicherheitshalber hinzu: «Ich habe bloß einen Bruder.»

SCHAFE UND ANDERE VIERBEINER

An unserem Bürogebäude ist ein Fischteich mit einer Brücke, die über das Gewässer führt. Ich komme von der Mittagspause zurück, es regnet. Kein Fisch im Teich zu sehen. Ich denke: «Ja klar, die sind alle unter die Brücke geschwommen, da sind sie im Trockenen.»

Ich habe meiner Katze «Gib Pfote» beigebracht. Nun wollte ich auch erreichen, dass sie mir zuerst die eine Pfote und dann die andere gibt, und dachte über ein Kommando nach. Mein Freund überlegte und sagte schließlich: «Sag doch einfach rechts und links, dann kann sie es auch zuordnen.» Ich erwiderte ganz entsetzt: «Aber das verwirrt sie doch total, wenn ich linke Pfote sage und sie mir die rechte geben muss!»

In der *Süddeutschen Zeitung* lese ich einen Artikel über den Tod eines Giraffenbullen im Tierpark Hellabrunn. Eine Zwischenüberschrift lautet: «Nach dem Tod seines Vaters kann der Jungbulle in München bleiben». Ich denke spontan: «Aha, dann hätte der Sohn also ein Motiv gehabt.»

Freudig laufe ich in eine Apotheke rein und frage, ob das Allergiemittel, das ich gegen Hausstaub benutze, auch bei Katzen wirkt. Die Apothekerin weist mich darauf hin, dass ich das beim Tierarzt nachfragen müsse. Total verwirrt rufe ich meine Tierärztin an, die wiederum mich verwirrt fragt, seit wann meine Katze denn eine Allergie habe. Als ich darauf antworte: «Nein, aber ich, gegen Katzen», fällt mir der Fehler auf.

Habe heute in die Kühltruhe geschaut und mich beim Anblick der gefrorenen Babymäuse gewundert, warum die nicht mehr wachsen.

Ich öffne die Klotür und sehe, wie unsere Katze aus der Kloschüssel säuft. Ich sage höflich: «Entschuldigung», und schließe die Tür.

Unsere Katze schmeißt dauernd Wassergläser um, mit dem Ziel, das Wasser zu trinken. Ich will gerade ein großes Wasserglas neben das Bett stellen und frage meine Frau, ob ich das riskieren kann. Dabei vermeide ich sorgfältig, dass Wort «Wasser» auszusprechen, damit ich die Katze nicht darauf aufmerksam mache.

Frühmorgens weckt mich der erwachsene Kater, der seit ein paar Wochen bei uns wohnt. Gerade hatte ich an meine Arbeitsstelle gedacht und frage mich jetzt, was der Kater wohl vorher beruflich gemacht hat.

Ich stehe telefonierend im Flur, als ich höre, dass unsere Katze vor der Haustür miaut, weil sie rein will.

Ich drücke auf den Türöffner und wundere mich nach einigen Augenblicken, dass sie die Tür nicht aufgedrückt hat und reingekommen ist.

Ich bin seit vielen Jahren Vegetarier, daher lese ich immer hinten auf den Produkten, was wohl drin ist, reine Gewohnheit, und sehe nach, ob Gelatine enthalten ist.

Meine Katze muss derzeit Tabletten nehmen, die sie natürlich verabscheut, also musste Leberwurst her, zum Vertuschen der Pillengabe.

Lese also hintendrauf, was in der Leberwurst so drin ist.

«Hui», denke ich, «ist ja richtig viel Fleisch drin. Was mache ich denn jetzt?»

Mein junger Hund ist erst seit kurzem bei mir, als ich ihn für einen beruflichen Termin ein paar Stunden allein zu Hause lassen muss. Als der Termin zu Ende ist, checke ich sofort mein Telefon – er könnte ja versucht haben, mich zu erreichen.

Gassi gegangen – Hund vergessen.

Auf dem Bürgersteig sehe ich zu meinem großen Bedauern einen toten Igel. Beim Anblick des Rettungswagens, der gerade vorbeifährt, denke ich: «Ihr seid zu spät, Leute.»

Wir hatten als Kind eine Menge Kleintiere. Als mein Vater alle unsere Kaninchen schlachtete und ich dies meiner älteren Schwester (damals 16) erzählte, rief sie entsetzt: «Dann haben wir ja gar keine eigenen Eier mehr!»

Als frischgebackener Hundebesitzer treffe ich beim Gassigehen mit meinem Rüden eine fremde Frau mit Hund. Beide Tiere beschnüffeln sich ausgiebig. Die Frau fragt neugierig: «Ist das eine Hündin?» Meine Antwort: «Nein, ein Hund!»

Mein anderthalb Jahre altes Kind ist begeistert von Tieren, und jedes Mal, wenn wir auf der Straße einen Hund sehen, bewundern wir den Vierbeiner ausgiebig.

Kürzlich gingen mein Mann und ich zu zweit spazieren – der Kleine war bei den Großeltern –, als uns ein Hund entgegenkam. Sofort zeigte ich mit ausgestrecktem Zeigefinger auf ebendiesen und sagte in kindgerechter Stimmlage zu meinem Mann: «Schau mal, da ist der Wauwau!»

Noch etwas verschlafen will ich morgens aus dem Haus gehen. Ich greife mir die Hundeleine und ziehe die Haustür hinter mir zu. In dem Moment denke ich: «Verdammt, du hast den Hund vergessen!» Im nächsten Augenblick fällt mir ein: «Ach Quatsch, du wolltest ja zur Arbeit!» Was ich dort allerdings mit der Hundeleine soll, ist mir schleierhaft.

Ich ging mit einer Freundin spazieren, als uns eine gemeinsame Bekannte mit ihrem Golden Retriever (Hund) begegnete. Die Freundin fragte die Bekannte, wie der Hund denn heiße. Diese nannte einen männlichen Namen. Und meine Freundin meinte daraufhin: «Ach, diese Rasse gibt es auch in Männlich? Ich habe von denen bisher nur Weibchen kennengelernt.»

Eine Freundin und ich wandelten durch die Tropenhalle eines Zoos. Sie las ein Schild vor: «Geierschildkröte». Suchend schaute ich zur Hallendecke.

Im Gartenmarkt. Ich sitze auf einer Bank im Schaugarten. Zwischen zwei Terminen. Um den Kopf freizubekommen. In Gedanken bei allem – nur nicht hier. Etwas stößt an mein Bein. Routiniert schlage ich mir auf die Schenkel, beuge mich vornüber und rufe entzückt: «Na, du Süßer!?» Es ist allerdings nicht mein Hund. Es ist ein Rasenmäh-Roboter, der zu meinen Füßen hält.

Bei einem Bauernhofbesuch fragte ich den Bauern: «Ab wann werden denn die jungen Kühe zum ersten Mal gemolken? Bevor sie zum ersten Mal kalben oder danach?»

Meine Kollegin hat Hühner, eine reine Damenschar. Ich: «Und wie machst du das, dass die Eier nicht befruchtet werden?»

Am Vormittag fotografierte ich die Pferde meines Freundes. Damit sie aufmerksam zu mir herschauten, versuchte ich, ihre Neugier zu wecken, indem ich die leere Fototasche schüttelte.

Am Nachmittag machten mein Freund und ich einen Ausflug. Vor einer romantischen Burgruine wollte ich ein Foto von ihm aufnehmen – er schaute aber meiner Meinung nach in die falsche Richtung. Also schüttelte ich meine Fototasche.

Letztens war ich im Leipziger Zoo, wo das neue Themengebiet «Himalaya» in Bau ist. Und im Vorbeigehen fragte ich mich: «Ob die dort dann auch einen Yeti haben werden?»

Als ich heimkam, saß mein Nachbar mit seinem Hund vorm Haus. Wem nickte ich freundlich grüßend zu, als ich gedankenverloren vorbeilief? Natürlich dem Hund.

Ich war vollkommen im Prüfungsstress. Eines Morgens stand ich im Wohnzimmer und fütterte die Goldfische. Genau in dem Moment, in dem der erste Fisch zum Futterring schwamm und gerade fressen wollte, sang draußen eine Amsel.

Ich schaute völlig perplex auf den Fisch und fragte: «Warst das jetzt DU?»

Ich sehe ein Bild von einem Polizeipferd, recht offensichtlich ein Hengst, der versucht, seinen menschlichen

Kollegen und Mit-Polizisten zu begatten. Ein anderer Polizist bemüht sich, den Hengst wegzuziehen. Ich frage mich, ob das Tier jetzt verhaftet wird.

Wir fahren im Auto über eine Brücke, die über die Hase (Fluss) führt. Ich schaue aus dem Fenster und frage: «Was sind das da vorne für weiße Tiere?» – «Das sind Schwäne!» – «Ich dachte erst, es wären Eisbären.»

Ich fuhr mit meiner Freundin zur Arbeit, Spätschicht, Nachtschicht, Herbst, Nebel, dämmrig.
Ich sagte: «Wir müssen vorsichtig fahren, es ist Brunftzeit!»
Und sie antwortete: «Ja, ja, die Kröten!»

Als Studentin verbrachte ich einige Zeit in England. Auf dem Weg zur Uni lief mir eine niedliche Katze über den Weg, die ich auf Deutsch anredete und streicheln wollte, aber sie lief weg. Da fiel mir ein: «Ach so, die kann dich ja gar nicht verstehen, mit der musst du ja englisch sprechen.»

Mein Hund ist stolze 18 Jahre alt geworden, als sich folgendes Gespräch ergibt:
Ich: «Die Tierärztin meint, er wäre 18 Jahre alt gewesen. Das ergibt in Menschenjahren 96 Jahre.»
Mein Freund: «Das ist ein stolzes Alter.»
Ich: «Ja, voll, mein Hund gehörte bestimmt mal einem Nazi, bei dem Alter wäre das sehr wahrscheinlich.»

Bin mit dem Hund im Auto unterwegs. Auf dem Nachhauseweg halte ich kurz am Supermarkt an, um schnell
ein paar Besorgungen zu machen. Ich komme mit dem
Einkaufswagen zum Auto zurück, öffne es, werde freudig
begrüßt, stelle meine Einkäufe ins Auto und sehe aus dem
Augenwinkel, dass sich der Einkaufswagen selbständig
macht. Ich wende mich zum Wagen und sage: «Bleib!»

Ich kaufe mir auf dem Weihnachtsmarkt zwei süße kleine
Filzigel. Die Verkäuferin überreicht mir diese in einem
durchsichtigen Plastikbeutel mit Druckverschluss. Ich
öffne den Beutel sofort, damit die beiden auf dem Heimweg auch Luft bekommen.

Das Kinderzimmer soll eine schicke «Drachenhauttape-
te» bekommen. Mein erster Gedanke: «Oh nein, hoffentlich ist die nicht echt! Der arme Drache!»

Ich fahre auf einer Landstraße. In der Ferne sehe ich mitten auf der Straße einen schwarzen, großen Gegenstand
liegen.
　　«Vielleicht ein Fuchs, oder ein Wildschwein», überlege ich.
　　«Nein, dafür ist es zu groß und zu schwarz!», überlege
ich weiter.
　　«Schwarz … Na ja, dann ist es wohl ein Panther!», beschließe ich völlig sicher.
　　«Armer, toter Panther …», bemitleide ich total traurig
das schöne, tote Tier, während ich an einer schwarzen
Mülltüte vorbeifahre.

Meine Freundin krault meine Katze am Bauch, bis sie auf einmal stutzt und anfängt, mit panischem Gesichtsausdruck im Bauchfell des Tieres herumzuwühlen. Nach einer Weile schaut sie mich an und meint: «Du, ich will dich ja nicht erschrecken, aber deine Katze hat hier so kahle Flecken am Bauch und da sind wie so Geschwüre drauf!»

«Aha», sage ich, «zufällig 8 Stück in zwei Reihen nebeneinander?»

Mein schon etwas betagter Hund bekommt seit zwei Tagen ein Medikament gegen seinen starken Husten, der von Wasser in der Lunge herrührt. Plötzlich bekomme ich einen Hustenanfall und denke: «Na so wirklich helfen tun die Tabletten aber auch nicht!»

Ich war im Dunkeln mit den Hunden spazieren, alleine auf dem Feldweg am Ortsrand. Mir ist dabei sowieso immer mulmig zumute. Plötzlich kommt etwas sehr schnell auf mich zugerannt, das gelb und orange leuchtet. Mir bleibt fast das Herz stehen. Dann realisiere ich, dass meine Hunde je ein gelb und ein orange leuchtendes LED-Halsband tragen.

Eine Sommernacht in ruhiger Umgebung, mit Blick auf die einzige nennenswerte Kreuzung im Ort: Etwas brummt sirrend, aber sehr leise. Das Geräusch wird nach einer Weile langsam lauter. «Mist, eine Mücke», denke ich, bis aus einer der Straßenschluchten ein Moped auf die Kreuzung fährt, dessen Geräusch jetzt nicht mehr verzerrt wird. «Scheiße, jetzt sind die Viecher auch noch motorisiert.»

SCHWANGERE SCHAFE

Im Supermarkt. Ich frage einen Verkäufer, wo die Stilleinlagen sind. Er fragt zurück: «Sind die für die Mutter oder für das Kind?»

Ich bin hochschwanger. Beim Aufräumen fällt mir auf, dass die Kondome alle sind und noch niemand neue besorgt hat. Als wir kurze Zeit später mal wieder Lust, Zeit und Muße zum Sex finden, denke ich mitten im Gefecht: «Mist, wir müssen es sein lassen, ohne Kondome können wir ja gar nicht verhüten.»

Ich bin hochschwanger.

Meine Freundin schenkt mir ein Tragetuch, das sie früher immer für ihren Sohn benutzt hat. Sie schwärmt, wie toll er darin immer schlief.

Ich verabschiede mich kurz darauf von meiner Freundin und steige in mein Auto. Dabei rufe ich ihr noch zu:

«Danke noch mal. Und siehst du, wäre das Baby jetzt schon da, könnte es die Heimfahrt über in Ruhe im Tuch schlafen.»

Erst einige Zeit später bemerke ich, warum sie mir beim Wegfahren so entsetzt hinterhergesehen hat.

Ich leide unter massiver Schwangerschaftsübelkeit. Als ich meinen beiden Mädchen einen Gutenachtkuss gebe, denke ich erschrocken: «Hoffentlich habe ich die Kinder jetzt nicht angesteckt.»

Jeden Donnerstag hole ich eines meiner Kinder vom Schwimmtraining. Zu der Zeit sammeln sich vor der Halle auch die Teilnehmerinnen eines Schwangerenschwimmkurses – die meisten von ihnen hochschwanger. Schon mehrmals dachte ich: «Der Kurs scheint ja nicht so toll zu sein, ständig sind andere Teilnehmerinnen dabei und die bleiben auch nie lange!»

Ich trage beim Kochen meist keine Schürze, aber beim Anbraten spritzte das Fett neulich so, dass ich gedankenverloren nach der Schürze griff, um sie mir umzubinden. Ich stutzte: Normalerweise kann ich die langen Bänder zweimal um meine Taille wickeln, bevor ich vorne eine Schleife mache, aber das funktionierte nicht! Für eine Sekunde hatte ich wohl vergessen, dass ich im 9. Monat schwanger bin.

Ich war in Indien bei einer Veranstaltung. Männer und Frauen mussten getrennt für das Essen anstehen. Vor mir war eine mir unbekannte, hübsche, sympathische junge Frau. Sie fragte mich, ob ich schwanger sei. Ich – jung (damals erst 20) und schlank – war darüber leicht irritiert und antwortete aus Höflichkeit: «Nein, aber du?» Sie schaute nun auch etwas seltsam, ging nicht auf den Smalltalk ein und wies mich darauf hin, dass ich mich bei der Essensausgabe für Familien eingereiht hätte.

Vor einigen Jahren – ich war gerade schwanger – war ich mit meinem Mann einkaufen. Wir rollten den Einkaufswagen zum Auto, mein Mann öffnete den Kofferraum und sagte zu mir, ich solle doch mal eben die Einkaufsbeutel vom Beifahrersitz holen.

So ging ich um das Auto herum, öffnete die Beifahrertür, setzte mich auf den Sitz, schloss die Tür und fragte mich, wo mein Mann denn jetzt schon wieder so lange bleibt.

SCHAFE UND IHR KÖRPER

HUNGRIGE SCHAFE

Ich esse ein Eis. Da es zu kalt ist, puste ich mehrmals.

Nach dem Mittagessen fragt mich meine Mutter, was ich denn morgen essen will. Ich antworte ihr: «Nichts, ich bin schon satt.»

Der Tisch steht schief, ich gieße Tee in die Tasse. Auf der einen Seite steht er schon bis zum Rand, auf der anderen Seite ist – aufgrund der Schieflage – noch viel Platz. Ich gieße weiter. Soll der Tee doch auf der linken Seite Platz nehmen, wenn rechts schon voll ist.

Ich stehe unter der Dusche und bekomme plötzlich heftigen Durst. Ich denke mir: «Mist, wo kriege ich jetzt schnell etwas zu trinken her?»

Ein Sekundenschaf aus Japan. Zu sehen ist eine Speisekarte für Fleisch. Bei A4 und A5 handelt es sich (bekanntermaßen) um Güteklassen, ein Bekannter hält sie für (in Japan ebenfalls geläufige) Papierformate. «Boah, jetzt ein DIN-A4-Steak!»

Mittagszeit. Würzige Essensdüfte ziehen durch die Räume der Werbeagentur, in der ich arbeite. Ich gehe zu einer Kollegin an den Schreibtisch und sehe, dass sie ein Bild von einer Verpackung für Hähnchenbrust auf dem Bildschirm geöffnet hat, und denke kurz: «Ach, daher kommt das.»

Ich blättere durch Facebook. Der Blick fällt auf «DDR-Brötchen». Die DDR gibt es doch seit 25 Jahren nicht mehr. Schmecken die noch?

Weihnachten fülle ich die Gans und schaue mir fasziniert die Haut an. Leider erwähne ich dann laut, dass diese ja wie Gänsehaut aussieht.

Meine Frau erzählte mir von einem Essen in einem Dunkelrestaurant, in dem man also die Hand vor Augen beim Essen nicht sieht. Ich dachte mir, wie lustig es für die blinden Kellner aussehen muss, wenn die Leute im Dunkeln nach ihrem Essen stochern.

Meine Schwester hat heute Geburtstag und meine Mutter hat einen Kuchen gebacken. Ich denke mir: «Am Montag würde ich gerne ein Stück mit zur Schule nehmen. Aber er schmeckt nur frisch. Also am Tag nach oder vor dem Backen.»

Ich wundere mich, warum mein Nudelwasser einfach nicht kochen will. Mir kommt der Gedanke, dass ich die Platte daneben angestellt haben könnte – und fasse mit der flachen Hand darauf.

Ich sitze im Wohnzimmer, als mir plötzlich einfällt: «Mist, ich muss nach meinem Essen schauen, nicht dass es noch anbrennt!»
  Was es gibt? Salat, den ich zum «Durchziehen» in den Kühlschrank gestellt habe.

Ich habe eine Schale voll trockenem Müsli, aber kaum noch Milch im Tetrapak. Also denke ich: «Ich gieße langsam, dann reicht die Milch vielleicht doch.»

Ich nehme eines der gefärbten Eier aus dem Osternest, um es zu essen. Dabei überlege ich, ob es wohl vorher ein braunes oder weißes Ei war. Beim Schälen wird das Eiweiß unter der Schale sichtbar, und ich denke: «Ja klar, das ist weiß. Also ein weißes Ei.»

Ich habe in meinem Garten Radieschen geerntet. Ein richtiges Bund, wie man es kaufen kann. Beim Abschnei-

den der Blätter suche ich diesen Gummi, der da normalerweise immer drum ist.

Verkaufe den ganzen Tag Suppen. Entweder als Teller
oder literweise zum Mitnehmen.
  Kunde: «Zwei Liter bitte.»
  Ich: «Mitnehmen oder hier essen?»

Ich trinke Sprudel aus einem Coca-Cola-Glas. Im Boden
ist «koffeinhaltig» eingraviert. Ich denke: «Was hab ich
denn da für seltsames Wasser gekauft?»

Ich habe großen Hunger. Das Essen ist gleich fertig. Ich
denke: «Schnell vor dem Essen noch etwas essen!»

Beim Kirschenessen bekomme ich einen Schreck: «Mist,
habe ich jetzt einen Kern verschluckt? Nicht dass ich eine
Blinddarmentzündung bekomme!»
  Ich sehe mich vor meinem inneren Auge schon im
kurz bevorstehenden Urlaub in der Fremde in einem
Hotelzimmer der Krankheit erliegen, da sickert es in
mein Gehirn: Mein Blinddarm ist vor 35 Jahren entfernt
worden.

Ein Tag im Freizeitpark.
  Dank der Temperaturen ist das Getränk lauwarm.
  Ich denke: «Mist, ich hätte Eiswürfel einpacken sollen,
dann könnte ich die jetzt hineingeben.»

Neulich im Freibad: Zwei Mädels, ein Junge und eine Kühltasche mit Getränken. Der Junge verteilt die Getränke und meint dann: «Jetzt aber schnell die Tasche zumachen, sonst werden die Getränke noch kalt.»

Sitze frühmorgens am Frühstückstisch und gieße mir Milch in den Kaffee. Ich gieße und gieße und merke, dass die Tasse gleich überläuft. Statt die Milchtüte einfach abzustellen, halte ich meine Hand unter die weiterfließende Milch und versuche, sie aufzufangen.

In der Ferienwohnung gab es wenig Geschirr, also wurde die Salatsoße in einem Weinglas mit einer Gabel angerührt. Der Tisch war schön gedeckt, Wein- und Wassergläser befüllt. Nachdem ich die Soße über den Salat gegeben hatte, landete die Gabel im vollen Weinglas.

Ich hielt spätabends mit einem Freund an der Tankstelle, weil uns zum zu Hause vorhandenen Gin das Tonic fehlte. Ich ging also hoffnungsfroh an den Nachtschalter und fragte: «Habt ihr Tonic da?» Dann setzte ich noch hinzu: «Zum Trinken?»

Das alte Fett musste dringend raus aus der Fritteuse. Für so etwas hatte ich extra ein kleines Eimerchen aufgehoben, wo zuvor Pudding drin gewesen war.

Fett aufheizen, ins Eimerchen kippen, hart werden lassen, ab in den Müll. Das geht schnell, einfach und sauber.

Was im Gegensatz dazu dauert: die Küche putzen, nachdem man gemerkt hat, was eben noch kochendes Fett mit kleinen Plastikeimerchen macht.

Hatte mir ein Pfund Tee gekauft, ganz teuren Darjeeling. Morgens, direkt nach dem Aufstehen, wollte ich mir eine Tasse kochen. Wasserkocher angeschaltet, Teedose geöffnet und einen Löffel davon ins Teesieb gegeben. Dann einen Liter Wasser in die geöffnete Teedose gegossen. Danach war ich schlagartig wach!

Neulich öffnete ein Freund seine letzte Flasche Bier. Beim Öffnen brach etwas Glas vom Flaschenhals ab. Sofort hatte ich die gute Idee, das Bier durch einen Papierfilter zu gießen, damit er das Bier doch noch trinken kann.

Gesagt, getan: Ich filterte zwei Glassplitter heraus, die ich dem Freund stolz präsentierte. «Guck! Da! Jetzt kannst du das Bier gefahrlos trinken!» Freund: «Ja! Toll! Danke! Das könnte ich! Wenn du ein Glas unter den Filter gestellt und ihn nicht einfach so über den Abfluss gehalten hättest!»

Ich habe mir mal so ein tolles O_2-Getränk geholt. Ich las mir die Zutatenliste durch und dachte mir: «Sauerstoff? Was ist das denn? Süßstoff kenne ich ja, aber Sauerstoff?»

Ein ehemaliger Kollege war regelrecht süchtig nach einer bestimmten Sorte Kekse. Nach einigen Tagen der Entwöhnung packte es ihn. Er ging in den Supermarkt, um seine Lieblingskekse zu kaufen. Eine freudige Nervosität suchte ihn heim, als er die Kekse auf das Kassierband legte, in dem Wissen, dass es nicht mehr lange dauern würde, bis er endlich wieder in einen dieser wunderbaren Kekse beißen würde. Schließlich an der Reihe, bezahlte er die Kekse, nahm die 20 Cent Wechselgeld und steckte sie sich in den Mund.

Morgens früh auf dem Weg zur Straßenbahn esse ich eine Banane und habe in der anderen Hand einen Brief, den ich absenden muss. Briefkasten und Mülleimer stehen gleich nebeneinander an der Haltestelle. Gerade habe ich die Banane fast aufgegessen, da kommt die Bahn. Ich werfe den Brief in den Mülleimer und quetsche die Banenschale genervt in den Briefkastenschlitz, während die müden Fahrgäste mir regungslos dabei zusehen. Dann fährt die Bahn los und ich stehe noch da.

Vor einiger Zeit war ich zu Besuch bei meiner Mutter. Sie kochte uns Kaffee und servierte Kuchen. Plötzlich wurde ihr Hund etwas unruhig, also mussten wir Gassi gehen. Meine Mutter meinte: «Trink doch noch deinen Kaffee aus, so dringend ist das noch nicht.» Ich antwortete: «Ach, egal, der ist auch noch kalt, wenn wir wiederkommen.»

Ich komme am frühen Morgen in die Küche und registriere, dass noch zwei Bananen da sind. Bereite mir dann mein Müsli zu und vergesse die obligatorische Banane. Esse das Müsli auf, ohne zu merken, dass keine Banane drin ist. Beim Aufräumen merke ich, dass noch zwei Bananen da sind. WO KOMMT PLÖTZLICH DIE ZWEITE BANANE HER?

Auf einem Festival. Die Sonne brennt. Durst!

Ich mache mich mit der leeren Flasche auf die Suche nach einer der Wasserstellen, an denen man sich kostenlos mit Trinkwasser versorgen kann. Leider habe ich keine Ahnung, wo ich suchen soll, und irre durch die Hitze. Da kommt mir ein Mann mit Schwimmflügeln entgegen und ich freue mich: «Juchuh, den kann ich fragen! Der muss seine Schwimmflügel ja an einer Wasserstelle befüllt haben.»

Ich sitze abends mit meiner Tochter am Küchentisch und spiele Rummie mit ihr. Nur zur Erklärung: Rummie ist wie Rommé, nur mit kleinen Pappkarten, die man vor sich stehen hat. Auf dem Tisch stehen außerdem diese kleinen Partykräcker. Meine Tochter legt aus: Bube, Dame, Joker, Ass. Ich freue mich, weil ich den König habe und mir den Joker holen kann. Ich bin also dran, nehme mir einen der Partykräcker, lege ihn als König an, nehme mir den Joker und esse ihn auf.

Saftflasche aufmachen – Halt! – Vorher gut schütteln! Man will ja nicht, dass es erst ganz dünn schmeckt. Erledigt.

Brötchen belegen. Wo ist das Essiggurkenglas? Ah, da! Vor dem Öffnen noch einmal kräftig schütteln.

Ich hole das Glas mit Würstchen aus der Einkaufstasche, lese beim Einräumen auf dem Etikett «mit Milchsäurebakterien» – und denke bei mir: «Ob Veganer das trotzdem essen? Ist ja keine richtige Milch drin, nur Milchsäurebakterien.»

Letztens habe ich am frühen Morgen die Kaffeebohnen in den Toaster gekippt statt in die Kaffeemühle. Gemerkt habe ich es am «feinen Röstaroma», das die Küche nach 20 Sekunden durchströmte.

Ich koche Frühstückseier im Wassertopf. Nebenbei decken mein Freund und ich den Frühstückstisch. Mein Freund fragt mich: «Schatz, hast du schon Salz?» (Er meint: auf dem Frühstückstisch!) Ich: «Oh nein!», nehme den Salzstreuer und schütte eine ganze Prise in das kochende Wasser für die 5-Minuten-Eier.

Mein Exfreund hat immer wahnsinnig gern gekocht. Wenn etwas nicht da war, hat er halt improvisiert und es aus anderen Zutaten zusammengemischt.
Einmal brauchten wir Honig, hatten aber keinen da.
Stolz meinte ich: «Na, man kann doch Honig auch selber machen, bisschen Mehl, Eier, Milch.»

Wir haben ein Gruppenspiel gemacht, bei dem es auf einem Gelände unterschiedliche Dinge zu finden galt, um ein Rätsel zu lösen. An einer Station war eine Weinflasche gelagert, die zum nächsten Hinweis führen sollte.

Es war schon ein älterer Wein und so meinte ich: «Oh, dann ist er ja schon abgelaufen!»

Ich möchte ein Gericht kochen, bei dem man Hühnchen in Karamell anbrät. So schütte ich Zucker in die heiße Pfanne und beobachte fasziniert, wie sich die Farbe des Zuckers langsam von Weiß zu Braun ändert und er leicht anfängt, Blasen zu schlagen. Als mein Kopf noch denkt: «Mmm, lecker Karamell», sehe ich meinen Finger gerade im Karamell eintauchen. Als ich realisiere, was ich da tue, ist es zu spät. Mein Versuch, diese kochend heiße, klebrige Masse unter dem kalten Wasserhahn zu lösen, macht alles noch schlimmer. In Sekundenbruchteilen karamellisiert die Masse auf meiner verbrannten Haut und lässt sich nicht mehr davon trennen.

In meiner Zeit als Barkeeper fing es an. Wann immer mir etwas runterfällt, versuche ich es mit dem Fuß abzufangen. Gläser. Flaschen. Handys. Und das hat schon viele Male Dinge davor bewahrt, zu hart auf den Boden aufzuschlagen. Auch eine Tatsache: Jetzt koche ich häufiger, als ich Cocktails mixe. Leider funktioniert mein Reflex auch noch bei extrem großen und scharfen Küchenmessern.

Beim Nachtessen mit der Familie meines Freundes stießen alle mit den Weingläsern an, nur ich blieb beim Wasser. Nachdem ich aber trotzdem angestoßen hatte, überlegte ich mir beim ersten Schluck, wie er wohl im Abgang sein wird.

Ich steh vor dem Getränkeautomaten in der Cafeteria und überlege, ob ich mir einen Kaffee oder lieber eine Gemüsesuppe rauslassen soll. Mit Blick auf die große Tasse in meiner Hand denk ich: «Wieso entscheiden? In die Tasse passen doch locker zwei Portionen!»

Ich arbeite am Computer und habe zum Telefonieren ein Headset, damit ich während des Telefonierens weitertippen kann. Als ich während der Arbeit ein Eis am Stiel aß und dabei mit einer Hand mühsam weitertippte, überlegte ich mir, dass so ein Headset für Eis eigentlich recht praktisch wäre.

Im Rezept stand: «Man nehme 1 Liter Milch.» Ich schnell zum Vorratsschrank, Milchpackung raus, rein in den Messbecher und gestaunt: Es war exakt 1 Liter!

Ich war mal als Musiker in einem Robinsonclub in Ägypten engagiert. Eines Tages machten wir eine Wüstentour, teils in Jeeps, teils zu Fuß. Der Reiseleiter erzählte zwischen den Etappen von seinem Leben als Moslem. Am frühen Abend gab es gegrilltes Schweinefleisch. Wir hauten ordentlich und gedankenlos rein. Ein Freund und Kollege signalisierte mir, dass die Gastfreundschaft uns doch gebiete, auch den anderen beiden einheimischen Mitarbeitern, die am Rande der Tafel saßen, etwas zu essen anzubieten. Ich tat das sehr vorsichtig und schüchtern gestikulierend: «Would you like some …?» Die Männer lehnten hastig dankend ab.

Erst Wochen und Monate später dämmerte mir, dass es für gläubige Moslems nicht gerade verlockend war, mit Ungläubigen zusammen Schweinefleisch zu essen.

Wir waren bei Freunden zum Essen eingeladen. Die Gastgeberin erklärte das Rezept des Desserts, zu dem unter anderem gehörte, Kekse in eine Tüte zu packen und zu zerkleinern, zum Beispiel indem man eine Weinflasche darüberrollt. Ein anderer Gast fragte: «Mit was für einem Wein?»

Ich saß gestern mit einem befreundeten Pärchen am Tisch. Wir tranken unterschiedliche Biere.
Sie: «Das hier hat 4,9 Prozent Alkohol.»
Er: «Das hier hat 5,4 Prozent.»
Sie: «Deins ist ja auch größer.»

Bei McDonald's einen Big Mac bestellt. Beim Öffnen der Verpackung festgestellt, dass das Brötchen ganz platt und ohne Sesam ist. Sofort an der Kasse reklamiert, wo der Kassierer dann wortlos die Verpackung umgedreht hat.

Die Teetasse ganz vorsichtig vom Nachttisch nehmen. Sie könnte ja gerade ans Ladegerät angeschlossen sein.

Im hiesigen Eiscafé. Meine Tochter muss sich noch für die richtige Geschmacksrichtung entscheiden, also bestelle ich zuerst: «Einen Latte macchiato, bitte.» Die Bedienung greift zum Portionierer und fragt: «In der Waffel oder im Becher?»

Ich kam von der Arbeit nach Hause und wollte mir schnell Milchreis kochen. Also Wasser in den Topf, Salz rein, Reis rein und aufkochen.

Nach ungefähr zehn Minuten fiel mir dann auf, dass man für Milchreis traditionell ja eher Milch benutzt.

Die Packung mit getrockneten Tomaten steht offen rum! Schnell zumachen, sonst werden die noch trocken!

Ich trinke ein Glas Wasser und bemerke, dass auf dem Boden des Glases etwas steht. Um es besser lesen zu können, hebe ich das halb volle Glas auf Augenhöhe und drehe es um. Alles nass, aber die Werbung auf dem Glasboden kenne ich jetzt.

Ich koche Marmelade. Es ist schon spät, Quitten brauchen ewig. Der letzte Rest tröpfelt vom Topf ins Glas. Gleichzeitig versuche ich, die Flamme des Gasherdes auszupusten.

Zum Frühstück gibt es im Flieger einen dieser kleinen, in Plastik abgepackten Kuchen. Er schmeckt zugegebenermaßen hervorragend. Für mehr als einen Moment überlege ich, den Flugbegleiter nach dem Rezept zu fragen.

Beim Verpacken des frisch geschlachteten Schafes die Gefriertüte mit «Lammschulter» beschriften und kurz überlegen, ob man noch dazuschreiben soll, dass sie vom Schaf kommt (könnte ja auch Schweinefleisch sein).

Gestern überlegt, ob die Glühweinflaschen auch kühl genug bleiben, wenn ich sie über Nacht im Auto lasse.

Erst heute wurde mir klar, dass sich wohl keiner über einen gut gekühlten Glühwein freuen wird.

Ich habe einen Adventskalender bekommen. Hinter jeder Tür ist ein Teebeutel: Früchtetee, Schwarztee, Kräutertee.

Ich freu mich auf morgen, wenn ich das 4. Türchen öffne! Dann hätte ich 4 Teebeutel für eine Kanne!

Ich verteile den frisch pürierten Smoothie für meinen Mann und mich auf zwei Gläser. Es bleibt etwas übrig. Ich trinke von meinem Glas ab und fülle einen Teil des Restes hinein.

Damit mein Mann auch noch etwas von dem Rest bekommt und alles schön aufgeteilt wird, trinke ich auch von seinem Glas etwas ab und gieße dann den Rest zufrieden nach.

Meine Mama feierte eine klassische Hauseinweihung, mit katholischem Pfarrer und allem Gedöns. Der indische Pfarrer ihrer Gemeinde blieb nach der Einweihung zum Essen. Es gab als Vorspeise eine Gulaschsuppe, die ihm mein Onkel nur widerwillig gab: «Mögen Sie auch eine Gulaschsuppe? Da ist aber Rind drin, Herr Pfarrer. Wissen Sie, wir sind da nicht so, wir essen alles.» Am Tisch waren alle etwas erstaunt, dass der Pfarrer ohne Überlegen zugegriffen hat – trotz Rind.

Wir bekommen zur Weihnachtszeit des Öfteren Firmengeschenke in Form von Adventskalendern. In besonders schlimmen Zuckertiefmomenten schleichen einige Kollegen um die beiden Kalender herum und plündern die Wochenenden im Voraus («Da ist ja eh keiner da, das fällt nicht auf!»). Ich finde nur noch wenige gefüllte Wochenenden und denke: «Ach, und an Feiertagen ist ja auch keiner hier!» Und suche ungefähr fünf Minuten lang nach dem 1. und dem 2. Weihnachtsfeiertag.

Ich unterhalte mich mit einem Freund über die Haltbarkeit von eingekochtem Fleisch, während er dieses in den Kühlschrank räumt. Er meint, es halte besonders lange an einem dunklen, kühlen Ort. Erstaunt schaue ich ihn an: «Aber der Kühlschrank ist doch nicht dunkel?!»

Ich habe eine Literflasche Likör geschenkt bekommen. Für eine Person etwas viel, denke ich, das ist eher was für eine Familie!

Ich mache mich am 30.12. über einen ungeöffneten Adventskalender vom Getränkemarkt her und beginne natürlich bei 1, suche danach brav 2 und 3.

Früher Morgen. Ich gieße den letzten Schluck Milch aus der Packung in mein Glas. Dann nehme ich die neue Packung, um das Glas aufzufüllen. Doch stopp. Ich halte inne und trinke erst das Glas leer, denn die Milch in der zweiten Packung ist schließlich von einer anderen Kuh. Nicht dass es am Ende noch seltsam schmeckt.

Hab eine Tafel Luftschokolade gegessen. Mist, die hat genauso viele Kalorien wie die normale. Wieso eigentlich? Müssten doch weniger sein. Ist doch mit Luft verdünnt!

Vorhin mache ich mir ein Glas Instant-Eistee; das Pulver ist schon im Glas, und als ich Wasser draufgieße, denke ich: «Wenn ich es nicht ganz voll mache, hat es weniger Kalorien.»

Wann wird das rote Licht am Backofen endlich grün, damit ich mein Blech reinschieben kann?

SCHAFE BEIM ARZT

Mein Hausarzt fragt mich, wo denn mein Blinddarm entfernt wurde.

Ich zeige auf die Narbe und wundere mich, dass er nicht weiß, wo der Blinddarm ist.

Nachdem ich schon ewig nicht mehr beim Augenarzt war, sitze ich nun doch endlich im Wartezimmer. An der gegenüberliegenden Wand hängt ein Zettel, dessen

Aufschrift ich nicht entziffern kann. Ich denke mir: «Du musst jetzt endlich mal einen Termin beim Augenarzt machen!»

Da ich Probleme mit der Verdauung und Hämorrhoiden habe, musste ich zum Proktologen. Verschämt füllte ich im Wartezimmer sehr intime und für mich peinliche, detaillierte Fragen auf einem Anamnesebogen aus. Etwas amüsiert las ich, dass die Sprechstundenhilfen nicht verständliche Fragen gerne erklären. Eine davon lautete: «Können Sie die Luft halten? Ja oder nein?» Ich überlegte kurz, in welchem Zusammenhang diese Angabe mit meiner Gesundheit stehen könnte, zog kurz in Erwägung, nun doch die Arzthelferin zu fragen, hielt stattdessen für 12 Sekunden den Atem an und kreuzte: «Ja» an. Erst ein paar Minuten später fiel mir auf, welche «Luft» damit wohl gemeint gewesen ist!

Ich sitze bei meiner Hausärztin und warte darauf, aufgerufen zu werden.

Eine andere Dame sitzt auch im Wartezimmer und hustet und hustet und hustet.

Ich denke nur mitleidig: «Die sollte dringend mal einen Arzt aufsuchen!»

Als Studentin bin ich immer brav mit dem Tross der Chefarztvisite mitgelaufen. Der offensichtlich stark übermüdete Chefarzt will die Lunge eines Patienten abhorchen, bittet diesen, sich obenherum frei zu machen, setzt das Stethoskop auf den Rücken des Patienten und nennt laut und deutlich seinen eigenen Namen.

Eben kriege ich eine Termin-Erinnerungs-SMS von meiner Zahnarztpraxis. Mein erster Gedanke: «Woher weiß mein Handy über meine Termine Bescheid?»

Ich wollte letztens einen Termin bei einem Facharzt ausmachen. Ich rief an, und die Dame am Telefon teilte mir mit, dass sie leider erst im November einen Termin frei habe und ich es bei einem Kollegen versuchen solle, wenn es dringend sei. Ich legte also auf und überlegte mir: «Am besten ruf ich Ende Oktober noch mal an, dann muss ich nicht so lange auf den Termin warten.»

Bei dem Unfallarzt, bei dem ich ein paar Jahre lang gearbeitet habe, begab sich einmal Folgendes:
Ein Patient wurde routinemäßig gefragt, ob er wegen seiner Unfallverletzungen auch bei seinem Hausarzt war, und er antwortete: «Nein. Wieso? Es ist ja nicht zu Hause passiert.»

Am 7. 1. habe ich frühmorgens einen Termin beim Zahnarzt, bin allerdings erkrankt. Um abzusagen, sollte ich wohl spätestens einen Tag vorher anrufen. Da allerdings der 6. 1. (Heilige Drei Könige) in Bayern ein Feiertag ist, haben alle Geschäfte und Ärzte geschlossen. Was mache ich dann nur? Und dann – der Gedankenblitz! Ich könnte doch in das nahe gelegene, feiertagslose Thüringen fahren, um das zu umgehen und den in Bayern liegenden Zahnarzt zu informieren.

Sag ich den Arzttermin wegen Krankheit ab oder nicht?

Nach einem Verkehrsunfall musste ich mit einem Rettungswagen ins Krankenhaus gebracht werden. Ich lag schon auf der Trage, als der Sanitäter fragte, ob er meinen Kaugummi haben dürfte, den ich gerade kaute. Ich dachte: «Ob der kein Geld hat, sich einen eigenen zu kaufen?»

Meine Mutter lag im Krankenhaus und durfte wochenlang nicht aufstehen. Um ihr das unvermeidliche Bettpfannen-Erlebnis etwas erträglicher zu machen, kaufte ich eine Packung feuchtes Toilettenpapier, jedes Tüchlein praktischerweise einzeln verpackt. Als ich sie am nächsten Tag wieder besuchte, sagte sie: «Du, diese Erfrischungstücher fürs Gesicht riechen aber nicht besonders gut.»

SPORTLICHE SCHAFE

Ich schließe mein Rad im Park an. Das Schloss ist neu und war ziemlich teuer. Ich denke: «Mist, wie verhindere ich denn jetzt, dass jemand das Schloss klaut?»

Ich besuchte mit meiner ehemaligen Verlobten ein Eishockeyspiel. In der ersten Pause wollte sie von mir wissen: «Wie viele Drittel hat eigentlich so ein Eishockeyspiel?»

In unserer letzten Pilatesstunde sollten wir unser Bein im Stehen von hinten nach vorne schwingen. Mein Fuß kam dabei immer auf der Matte auf. Da dachte ich nur: «Wow, meine Beine sind so lang, die kommen sogar bis auf den Boden.»

Habe gerade gemerkt, dass ich bei meiner Schrittzähler-App die letzten Tage nicht eingeloggt war, und mich dann dabei erwischt, dass ich ernsthaft dachte: «Na toll, jetzt bin ich das alles völlig umsonst gelaufen.»

Freunde und Familie sind zu Besuch. Die Stimmung ist gut, alle drücken dem BVB für das anstehende Derby gegen S04 die Daumen. Ich rege mich vorab schon mal über die Spieler des S04 auf und frage im gleichen Atemzug nach, gegen wen DIE heute eigentlich spielen.

Federball ist nichts für Anfänger wie mich. Das habe ich bemerkt, als ich den Federball mit der linken Hand sportlichst gefangen und mit der rechten meinen Schläger quer über das Feld geworfen habe.

Supercup im Hallenstadion: «Einlaufkinder gesucht!», und ich denke, was denn Einlaufkinder sind. «Solche, die zu klein geboren wurden oder statt gewachsen geschrumpft sind. Was es nicht alles gibt. Und für was die wohl gesucht werden?»

Nach meiner ersten Crossfit-Stunde hatte ich solchen Muskelkater, dass ich am nächsten Tag im Büro kaum laufen konnte. Auf dem Weg zum Drucker überlegte ich, ob ich vielleicht auf den Händen gehen sollte, weil das die einzige Alternative wäre, die nicht schmerzt.

Ergometertraining während einer Reha-Maßnahme. Damit das Strampeln nicht so eintönig wird, läuft auf dem Flachbildschirm an der Wand eine DVD mit den nachgefahrenen Strecken der Pyrenäen-Tour oder anderen anspruchsvollen Radsportveranstaltungen.

Auf dem Bildschirm ist eine schöne italienische Berglandschaft zu sehen: links Berg, rechts im Tal ein blauer See und drumrum schön grün. Es radelt sich entspannt.

Die schmale Straße führt bergab und ist kurvig. Während ich auf dem Ergometer vor mich hin radele, wird die Fahrt auf dem Bildschirm aber immer schneller. «Oh», denke ich, «jetzt muss ich schnell abbremsen, da kommt eine scharfe Kurve!», und versuche, die Rückbremse zu treten.

Mein Mann – ein sehr stattlicher Handwerker – geht an einem Samstag zum Spiel Hertha – Dortmund. Er ist großer BVB-Fan und verkündet, dass er sich ein REUS-Shirt kaufen wird. Ich: «Das passt dir doch gar nicht!»

SCHAFE IN DER MODERNE

Ein junger Mann steht im Elektronikmarkt vor den Waschmaschinen, blättert eine der Beschreibungen durch und schüttelt den Kopf.

Schließlich greift er sich einen Mitarbeiter und fragt: «Wo steht denn hier, wie man einstellt, in welche Richtung sich die Trommel dreht?»

«Aber warum wollen Sie das denn wissen?», fragt der Angestellte entgeistert.

Der junge Mann: «Meine Mutter hat gesagt, Pullis und Jeans muss ich linksrum waschen!»

«Du musst das Anti-Viren-Programm auf deinem Laptop einrichten», sagte mein Mann, kurz bevor wir in ein

Kaff an der Ostsee aufbrachen. «Ach», sagte ich. «Das Dorf hat doch gerade mal vierhundert Einwohner und liegt mitten in der Pampa. Da will einem doch keiner schaden.»

Manchmal bin ich bewusst ohne mein iPhone unterwegs, um in Ruhe nachdenken zu können. Als ich an einer Bushaltestelle vorbeikomme, höre ich den Standard-iPhone-Klingelton und denke: «Wie soll ich denn jetzt bloß drangehen – ohne Gerät?»

Ich wollte eine größere Datenmenge aus dem Internet herunterladen, während ich auf Spotify Musik gehört habe.

Da meine Verbindung nicht so gut ist, habe ich Spotify leiser gemacht, damit ich mehr Bandbreite für den Download zur Verfügung habe.

Ein Telefonat mit meiner Freundin. Sie sagt, dass sie jetzt mal runter ins Büro und an den Rechner geht, damit wir skypen können. Wir legen auf und ich warte, dass sie mich anskypt. Höre derweil jemanden die Treppe runterkommen und denke: «Hach, da kommt sie ja schon!»

Heute Morgen in der Bahn, alle Plätze sind besetzt. Nahezu jeder hat Stöpsel im Ohr mit Smartphone, Tablet oder Laptop. Ich denke beim Gang durch die Reihen: «Was muss das ganze Gedudel nervig gewesen sein, als es noch keine Kopfhörer gab.»

Heute Mittag habe ich eine App heruntergeladen. Da ich nicht zu Hause war, ging das ziemlich auf mein monatliches Datenvolumen. Wieder im Heimnetz angekommen, denke ich mir: «Jetzt kann ich ja das Highspeed-Volumen im WLAN wieder aufladen.»

Letztens wollte sich meine Mutter über Internet auf mein Laptop aufschalten, um mir bei einem Problem zu helfen. Bevor sie sich dann aufgeschaltet hat, hab ich noch mal schnell mit dem Ärmel über den Bildschirm gewischt. Sie sollte den Staub nicht sehen.

Ich sitze in der Nachhilfe und will meinen Schülern etwas vorrechnen. Dabei merke ich, dass das Ergebnis zu lang für meinen Taschenrechner ist. Also einfach mal auf die Seite drehen, um lange Zahlen anzeigen zu lassen. Das geht beim Handy ja auch. Zu doof nur, dass die Ausgabezeile sich nicht mitdreht.

Warf gedankenverloren Altglas in die entsprechenden Container. Als ich damit fertig war, wartete ich auf den Pfandbon, der ja irgendwo rauskommen musste.

Ich gucke einen Film und habe Kopfhörer auf. In einer Szene wird jemand zusammengebrüllt. Ich nehme den Kopfhörer ab. Jetzt herrscht Ruhe! Ich wundere mich, warum der Schauspieler trotzdem noch gequält guckt.

Beim abendlichen Zähneputzen mit der elektrischen Zahnbürste fällt mir ein, dass ich noch etwas aus der Vorratskammer brauche, und laufe zähneputzend los. Auf halber Strecke drehe ich um mit dem Gedanken: «Ich bin ja blöd, so weit reicht doch der Empfang gar nicht!»

Ich müsste dringend eine E-Mail schreiben. Aber um 5 Uhr früh schläft der Adressat sicherlich noch und ich würde ihn womöglich aufwecken.

Neulich versuchte ich mich an einen Gedanken aus meiner Kindheit zu erinnern, den ich bei einem bestimmten, persönlichen Ereignis hatte. So ungefähr: «Was hab ich mir damals eigentlich gedacht, als dies und das passiert ist?» Ich bekam den Gedanken aber nicht mehr ganz zu fassen. Mein Plan: «Ach, ich googel einfach mal danach.»

Meine beste Freundin und mich verbindet eine langjährige Freundschaft – leider wohnen wir von jeher weit voneinander entfernt. Üblicherweise telefonierten wir, vor einigen Jahren aber ist sie in die Nähe gezogen und konnte mich nun häufiger besuchen.

Nachdem sie ein Wochenende lang bei mir gewesen war, brachte ich sie mit der S-Bahn zum Hauptbahnhof. Während sie mir gegenübersaß und wir uns angeregt unterhielten, fuhr die S-Bahn in einen Tunnel, woraufhin mich ein Moment der Panik überkam: Jetzt bricht bestimmt gleich die Verbindung ab!

Auf meinem Schreibtisch liegen Tastatur (mit NumPad), Telefon und Taschenrechner nebeneinander. Statt auf dem Taschenrechner versuche ich auf der Telefontastatur zu addieren – und wundere mich über das Tuten.

Im Büro gab es eine Kaffeeküche. Eine Kollegin hatte sich Joghurt mitgebracht, ihn aber nicht in den Kühlschrank gestellt. «Mist, jetzt ist der ja ganz warm geworden», sagte sie. Als hätte das irgendwann schon mal funktioniert, sagte ich ihr: «Du kannst ihn in die Mikrowelle stellen und den Knopf in die andere Richtung drehen, dann ist der in 30 Sekunden kühl.»

Ich habe daheim eine elektrische Zahnbürste, die vibriert, um das Ende der Putzzeit anzuzeigen. Heute Morgen putze ich auf Reisen verschlafen mit einer konventionellen Handzahnbürste und frage mich nach Minuten, wann denn endlich das Vibrationssignal zum Aufhören kommt.

Ich arbeite an einem Word-Dokument. Neben mir liegt der Taschenrechner, mit dem ich einige Kalkulationen im Dokument nachprüfe.

Plötzlich rüttle ich genervt am Taschenrechner, weil die dort von mir eingetippten Zahlen nicht in meinem Word-Dokument erscheinen wollen.

Auf meinem PC ist ein spezielles E-Mail-Programm eingerichtet, das ich auf dem Laptop nicht habe. Ersterer steht im Arbeitszimmer. Letzterer im Wohnzimmer. Ich finde beim Surfen auf dem Laptop einen interessanten Artikel, den ich einer Freundin mailen will, und überlege, den Artikel «mit der Maus zu kopieren» und dann die Funkmaus später an den PC zu schließen, um den Artikel per E-Mail zu verschicken.

Wer schreibt mir eine E-Mail? Noreply? Der Name sagt mir nichts.

Das Glätteisen liegt im Bad neben dem Handy und heizt auf. Als es auf Grün schaltet, denke ich: «Oh, eine neue Message!»

Ich lese leidenschaftlich gern und vor allem viel, habe daher einen E-Reader mit allem Schnickschnack (auch Beleuchtung). Neulich wollte ich mal wieder ein Papier-Buch im Bett lesen. Schön eingekuschelt, Buch geschnappt und mit schlafwandlerischer Sicherheit Licht ausgemacht. Und mich dann gewundert, warum ich nichts mehr lesen kann.

Zu Besuch bei einer Freundin: Bevor wir spätabends gute Nacht sagen, bitte ich sie noch um ihren WLAN-Schlüssel, damit ich am nächsten Morgen einiges online erledigen kann. Nachdem sie ihn nirgends finden kann, meint sie, sie habe die Zugangsdaten vom Router als Screenshot auf ihrem Rechner, und schickt mir das Bild via E-Mail. Zufrieden verabschieden wir uns für diesen Tag. Am nächsten Morgen starte ich mein Mail-Programm und wundere mich, dass ich den Screenshot mit den Zugangsdaten nicht empfangen habe.

Ich will wegen des Poststreiks die Rechnung ein paar Tage früher überweisen, damit das Geld rechtzeitig ankommt.

Eine Freundin war schon ganz genervt wegen eines Computerproblems. Ich half ihr und sagte, dass sie nun das Fenster schließen könne und dafür X drücken soll. Sie drückte die Taste X.

Meine Schwester möchte sich meinen PC-Monitor (und nur den) vom Rechner ausleihen für eine LAN-Party. Ich gucke sie völlig verschreckt an und meine: «Na, aber das geht doch nicht, da sind doch meine ganze Daten drauf!»

Heute Morgen: Ich starre auf das Display meines Smartphones und überlege angestrengt, wie ich jetzt die Tastensperre aktiviere.

Ich sitze am Computer, mein Handy liegt zwischen Tastatur und Bildschirm.
    Ich bekomme eine Nachricht auf dem Handy.
    Um die Nachricht zu lesen, gehe ich mit der Maus in Richtung Handy und will es anklicken.

Ein befreundetes Paar diskutiert über die Beleuchtung unter freischwebenden Treppenstufen. Er erklärt ihr, dass er dort keinen Strom hinlegen könne, und mein Mann sagt aus Spaß: «Den Strom schicken wir einfach per WLAN rüber!» Daraufhin sie, völlig begeistert: «Au ja, so machen wir das!»

Bin gerade bei einem Kunden online zur Fernwartung auf dem Rechner. Frage den Kunden, ob sein Internetanschluss denn funktioniert.

Bei Opa, der sich neulich einen neuen Computer gekauft hat, ist den ganzen Tag das Telefon besetzt. Ich denke noch: «Der ist bestimmt den ganzen Tag im Internet.» Und da dämmert mir, dass sein iMac wohl kaum ein Modem hat und er wohl einfach seine Ruhe vor mir haben will.

Sehr schlau: Bei der Suche nach einer Mail einer meiner Schwestern unseren Nachnamen ins Suchfeld eingeben.

Ich hatte eine neue Armbanduhr. Anfangs funktionierte sie einwandfrei, doch nach kurzer Zeit blieb sie stehen. Ich also ins Uhrengeschäft, um einen Wechsel der Batterie vorzunehmen – und ich werde den Blick des Uhrmachers nie vergessen, mit dem er mir erklärte, dass eine Automatikuhr keine Batterie hat, sondern sich durch Bewegung beim Tragen selbst aufzieht und stehengeblieben war, weil ich sie zu lange nicht getragen hatte.

Und als mein Beitrag eben über den Router ewig nicht als abgeschickt bestätigt wurde, habe ich überprüft, ob ich überhaupt im Internet bin.

War ich natürlich, sonst wär ich ja gar nicht auf die Seite gekommen.

Habe mich gefragt, ob es eine App fürs iPhone gibt, mit der man das Handy in einen Spiegel umfunktionieren kann. Erst als ich tatsächlich eine App gefunden hatte (!), fiel mir ein, dass man die Kameraausrichtung von hinten auf vorne umstellen kann.

Vormittags. Zu still in der Wohnung. Für die Hausarbeit brauche ich Hintergrundgeräusche, die nicht ablenken, aber auch nicht nerven. In der Mediathek eines Senders finde ich eine sehr schöne Doku über Tiere, gesprochen von einer Schauspielerin mit äußerst wohltuender Stimme. Genau das Richtige. Auf dem PC lasse ich die Doku dreimal durchlaufen. Vor dem Start des vierten Mals zögere ich: Hoffentlich brennt der PC wegen Überlastung nicht durch.

Ich ertappe mich öfter dabei, wie ich auf der Tastatur am Computer sehr lange z. B. das A drücke und warte, bis mir das Ä zum Auswählen angeboten wird.

Heute Nachmittag wollte ich mit dem Auto wegfahren, es hat ein wenig pressiert, also habe ich schon auf dem Weg zur Garage meinen Autoschlüssel aus der Tasche gezogen und schon mal auf die Türentriegelung gedrückt. Dann habe ich mich gewundert, warum sich das Garagentor nicht öffnet.

Um eine Festplatte am Laptop anzuschließen, muss ich aus Steckplatzgründen die Tastatur ausstöpseln. Kurz danach möchte ich mit einem Shortcut den Festplatten-Ordner öffnen. Als das nicht geht, denke ich: «Na toll, jetzt ist er abgestürzt!»

Hab am ersten Arbeitstag nach Neujahr unseren IT-Support per Mail um dringende Hilfe gebeten, der Versand von Mails gehe nicht mehr.

Auf dem Tablet ist ein Fleck. Wenn ich wische, verändert sich die Anzeige des Bildschirms. Sie wird größer oder kleiner, verschiebt sich.

Also versuche ich, mit zwei Fingern der einen Hand die Bildschirmanzeige festzuhalten, während ich mit der anderen Hand vorsichtig den Dreck wegwische.

Wär es nicht einfacher gewesen, das Gerät kurz auszuschalten?

Ich habe letzte Woche den PC einer guten Freundin wieder in Gang gesetzt, nachdem er überhaupt nicht mehr starten wollte. Als alles wieder ging, meinte sie: «Wenn ich dich jetzt noch früher hätte erreichen können, hätte ich jetzt auch nicht den Stress, meine Texte noch fertig schreiben zu müssen.» Ich darauf, mit leicht vorwurfsvol-

lem Ton: «Dann schreib mir das nächste Mal halt gleich
eine E-Mail.» 71

Mein Nachbar bohrt. Ich greife zur Fernbedienung, um
leiser zu machen.

Ich fahre auf der Autobahn und komme an stillstehenden
Windrädern vorbei. Ich denke mir: «Wieso hat die denn
keiner eingeschaltet?»

Gerade überlegt, dass es praktisch wäre, wenn man ge-
lochtes Papier faxen könnte.

Ich fahre mit dem Auto zu einem Laden. Parke, steige
aus, will die Ladentür mit dem Autoschlüssel öffnen. Ich
drücke, die Tür öffnet sich!
 Es ist eine automatische Tür, die sich öffnet, sobald
jemand davor steht.

Per E-Mail möchte ich eine Detailfrage zu einer Hotel-
reservierung klären.
 Da ich die E-Mail über ein Web-Formular schreibe,
schicke ich mir selbst gleich eine Kopie, damit ich die
Mail zur Kontrolle auch in meinem Postfach habe.
 Unmittelbar nachdem ich die E-Mail abgeschickt
habe, kommt sie logischerweise auch direkt in meinem
Postfach an.
 Ich sehe nur die Betreffzeile und denke: «Donnerwet-
ter! Das ist mal eine schnelle Antwort!»

Kurz vor der Tür hole ich den Schlüssel aus der Tasche. Die Tür steht offen, also gehe ich direkt rein zu den Aufzügen. Mit dem Schlüssel in der Hand suche ich verwirrt das Schlüsselloch – und drücke nach ein paar Sekunden dann doch einfach auf den Knopf.

Suche nach dem «Send»-Button – in Google Docs.

Ich möchte bei einem Radio-Gewinnspiel mitmachen. Um meine Chancen beim Durchkommen zu erhöhen, rufe ich mit Handy und Festnetz gleichzeitig an und halte mir beide Geräte rechts und links an die Ohren. Plötzlich frage ich mich, ob sich denn wohl der Angerufene selbst hören wird, wenn er gleichzeitig beide Leitungen annimmt.

Laufe durch die Wohnung und suche meine Handyhülle. Mein Freund sagt: «Ruf sie doch an.»

Ich schaue ein Video auf YouTube. Es ist allerdings viel zu leise.
Ich stelle also die Helligkeit meines Laptops hoch, um begeistert zu bemerken, dass ich das Video viel besser sehen kann.
Nach nur einem Moment stelle ich fest, dass es trotzdem noch zu leise ist, und verdunkle den Laptop wieder.

In der Uni funktionieren die Wasserhähne so: Wenn man die Hand vor den Hahn hält, läuft Wasser, nimmt man sie weg, hört es auf. Alles automatisch, alles super. Ich stehe zu Hause an der Spüle und will abwaschen, doch das Wasser läuft nicht. Ärgerlich schüttele ich wieder und wieder die Hände hin und her, bis mir auffällt, dass mein alter Wasserhahn so nicht funktioniert.

Auf der Arbeit gibt es Toilettenräume, in denen innen ein Extralichtschalter ist. Ich verzweifle regelmäßig, wenn ich statt der Spülung den Lichtschalter drücke und es nur dunkel wird, aber nicht spült.

Eine Freundin fragt mich, ob ich ihr einen Theatertext per E-Mail senden kann. Darauf ich: «Nein, leider nicht, ich habe es nur als Papierdatei.»

Wir dürfen in der Arbeit am PC Musik hören. Dabei greifen wir auf das Angebot im Internet zu. Eines Tages wundere ich mich, warum ich nichts von dem Musikvideo mitbekomme, das gerade läuft. Nachdem ich eine Minute verzweifelt versucht habe, sämtliche Regler zu verstellen, merke ich, dass ich nicht die Kopfhörer trage, sondern das Headset fürs Telefonieren. Wohlgemerkt mit nur einem Hörer und Mikrophon.

Mein Mann wollte ein Loch in die Wand bohren, und ich sollte mit dem Staubsauger direkt den Dreck auf-saugen. Ich steh also mit dem Staubsaugerrohr in der Hand unterhalb der Bohrstelle und warte, dass er anfängt zu bohren. Nichts passiert. Nach einer Weile frage ich:

«Warum bohrst du nicht endlich?» Er: «Du musst den
Staubsauger auch anmachen!»

Am Bankautomaten stehen, verwirrt auf die Tastatur star-
ren und die Buchstaben für «Geheimzahl» suchen.

Neue Haustür-Klingel montiert (die alte war nicht laut
genug).
     Es klingelt zum ersten Mal.
     Meine Frau: «Aaargh, dieser Klingelton ist nervig.»
     Ich (am PC/abgelenkt/höre selektiv nur «Klingel-
ton», «nervig»): «Kannst ja aus dem Netz andere Klin-
geltöne runterladen.»

Habe einen neuen Taschenrechner vor mir liegen. Ich
will kurz den Raum verlassen und frage mich gerade,
wie ich den Taschenrechner gegen unbefugten Zugriff
sperren und später wieder entsperren kann. Schließlich
könnte sonst in meiner Abwesenheit jemand anderes einfach irgendwas damit ausrechnen.

Es ist schon ein paar Jahre her (2005), als meine Tochter
gerade vier Monate alt war. Die Nächte waren noch sehr
kurz und die Müdigkeit allgegenwärtig. An einem Abend
wollte ich noch die 20-Uhr-Nachrichten ansehen und dabei mein spätes Abendessen zu mir nehmen. Dazu gab es
eine Flasche Sprudel. Die Nachrichten liefen schon ein
paar Minuten, als ich die Flasche Wasser öffnete. In dem
Moment, als ich den Schraubverschluss aufdrehte und

es so schön zischte, gingen Licht und Fernseher aus. Ich stutzte kurz und starrte den Deckel der Wasserflasche an. Dann schraubte ich ihn schnell wieder auf die Flasche in der festen Überzeugung, dass nun auch das Licht und der Fernseher wieder angehen müssten.

Ich gehe in die Bank, um Geld aus dem Automaten zu holen. Ein DIN-A4-Zettel ist dort festgeklebt: «Außer Betrieb». Ich lese es, aber verarbeite offenbar die Information nicht richtig. Ich stecke meine Karte in den Schlitz, warte und wundere mich, dass nichts passiert. Dann sickert die Information auf dem Zettel langsam durch, und ich verstehe, warum nichts passiert. Zum Glück kommt die Karte von alleine wieder heraus. Als ich sie herausnehme, fällt mir auf, dass der Zettel so aufgehängt ist, dass man ihn anheben muss, um den darunter versteckten Schlitz überhaupt benutzen zu können.

Wir sind zu meinen Eltern unterwegs, was eine längere Fahrt auf der Autobahn mit einschließt. Kurz nach der Abfahrt kommt ein Punkt, an dem üblicherweise der Radioempfang wegbricht. Heute jedoch nicht, und ich sage erfreut zu meinem Freund, dass man wohl die Funkmasten ausgebaut hätte. Erst als er mich schief anguckt, fällt mir ein, dass ich ja vor der Abfahrt extra auf Musik aus der Konserve, sprich CD, umgeschaltet habe.

Ich ertappe mich heute noch, wie ich Solartaschenrechner ausschalten will.

Ich betrachte ein Foto auf meinem Handy, auf dem meine einjährige Tochter den Kühlschrank ausräumt. Ich gucke mir das Foto genauer an und denke dann: «Schnell das Foto schließen, der Kühlschrank steht auf, das ist doch Energieverschwendung!»

Letztens war ich alleine in meinem Elternhaus und wollte meinen Vater erreichen, um ihn zu fragen, wo er denn sei. Nahm mein Handy in die Hand, wählte die Nummer, so wie ich es immer tue. Als dann gleichzeitig mit dem Freizeichen das Festnetztelefon klingelte, regte ich mich noch auf, warum denn ausgerechnet jetzt jemand anruft – und auflegt, als ich gerade abnehmen will.

Bei meinem «Stamm»-Zigarettenautomaten ist das EC-Karten-Lesegerät, welches ich immer zur Altersidentifikation nutze, defekt. Ich stehe da, ärgere mich, dass ich nun keine Zigaretten holen kann, und denke mir: «Warum muss ich überhaupt immer wieder mein Alter nachweisen? Der Automat sollte mich doch inzwischen kennen und wissen, dass ich alt genug bin.»

Für meine jüngste Tochter kaufte ich im Discounter ein Handy-Guthaben für 20 Euro. Die Codenummer zum Eintippen bekommt man auf einem normalen Kassenzettel aus Thermopapier. Damit der nicht verloren geht, schiebe ich den Kassenzettel kurzerhand in das Laminiergerät. Gute Idee, verloren geht er so nicht mehr, aber unter Wärmeeinwirkung wird Thermopapier schwarz, ganz schwarz.

Meine Kollegin ist im Urlaub. Ich vertrete sie. Sie hat
eine E-Mail erhalten, die ich bearbeiten muss.

Ich leite also die E-Mail an mich weiter, gehe zurück
an meinen PC und öffne Outlook. Eine neue E-Mail wird
angezeigt: von meiner Kollegin! Ich schaue den Bildschirm fragend an und denke: «Wieso hab ich denn eine
E-Mail von meiner Kollegin, die ist doch im Urlaub!»

Im Fahrradraum unseres Hauses sehe ich abends, dass
am Rad eines Nachbarn noch das Rücklicht brennt. Am
nächsten Morgen ist das immer noch so. Ich denke: «Oje,
wenn der das nächste Mal losfahren möchte, ist die Batterie alle, dann springt die Karre nicht an.»

Ich öffne den Geschirrspüler – schließe ihn wieder – öffne
ihn wieder und ärgere mich, dass das Licht nicht angeht.

Nach einem einwöchigen Campingurlaub stehe ich vor
der Tür des Badezimmers und drücke wiederholt den
Lichtschalter. Schließlich wird mir bewusst, dass sich
meine Badezimmertür auch nach einwöchiger Abwesenheit noch nicht durch Knopfdruck öffnen lässt.

Hatte zum Saugen meinen Fernseher ausgesteckt, um
den Staubsauger anzustecken. Als ich loslegen wollte,
dachte ich mir: «Warum nicht nebenbei den Fernseher
laufen lassen?» Im ersten Moment war mir nicht bewusst,
warum die Fernbedienung nicht funktionierte. Waren es
die Batterien?

Mist, eigentlich wollte ich heute noch bohren, aber jetzt ist es schon so spät und der Lärm würde bestimmt die Nachbarn stören. Ah, ich weiß! Ich schließe einfach Kopfhörer an die Bohrmaschine an, dann höre nur ich den Lärm!

Wir sitzen mit ein paar Freunden in einem Restaurant. Ich gehe zu den Toiletten, im Vorraum ist leise Musik zu hören. Ich blicke verwundert um mich, denn ich kann auf den ersten Blick keine Lautsprecher entdecken. Also halte ich mein Ohr unter den Handtrockner und erschrecke mich zu Tode, als er daraufhin anspringt.

Eine Freundin ruft mich an. Nach einer Weile sagt sie, der Akku ihres Telefons sei runter, ich solle mich nicht wundern, wenn das Gespräch gleich grußlos beendet würde.
   Aber ich bin ja schlau und kenne die Lösung: «Ach so, na macht nichts, ich rufe dich dann zurück!»

Meine Mutter fragt mich etwas. Ich antworte ihr: «Hm, das kann ich dir gerade auch nicht sagen. Such doch mal im Internet danach.»
   Sagt sie: «Ja, o.k. Aber wo googel ich das denn?»
   Ich halte kurz inne und antworte: «Bei Google?!»

Als Handys noch etwas Besonderes waren, bat ich einen Bekannten, mir sein Mobiltelefon mal genau ansehen zu dürfen. Ich legte es vor mir auf den Tisch und probierte alle möglichen Funktionen aus. Irgendwie habe ich dabei über die Kurzwahlfunktion wohl aus Versehen jemanden angerufen. Ohne dies zu bemerken, spielte ich weiter und vernahm dabei ein «Hallo?» aus dem vor mir liegenden Gerät. Erschrocken zuckte ich zurück und meinte: «Oh, es spricht!»

Heute Nacht fiel mir im Halbschlaf ein, dass für die nächste Vorlesung noch einige Sachen ausgedruckt werden mussten. Um dies nicht zu vergessen, stand ich trotz später Stunde auf, um es noch schnell zu erledigen. Als der Drucker dann bei seiner Arbeit wie immer anfing zu rappeln und zu rumpeln, versuchte ich krampfhaft, die Lautstärke zu verringern, um meine armen Mitbewohner nicht zu wecken – indem ich die Lautstärke an meinem PC runterdrehte.

Meine Nachbarin stand völlig verzweifelt im Garten. Ich fragte sie, was los sei. «Ich weiß nicht, wie der Rasenmäher anzustellen ist.» Sie hatte einen Schlauchwagen aus dem Keller geholt.

Mal wieder habe ich mein Handy verlegt. Also nehme ich das Festnetztelefon und rufe es an. Es beginnt irgendwo zu klingeln, aber ich kann es nicht finden und ärgere mich: «Ausgerechnet jetzt ruft mich jemand an!»

Ich habe Google als Startseite. Kürzlich habe ich auf meiner Startseite «google» in das Suchfeld eingegeben, da ich bei Google nach etwas suchen wollte.

Ich bin mit dem Auto auf dem Heimweg und mein Handy ist fast leer. Ich stecke es in die Ladebuchse und denke: «Super, ich lade es noch schnell im Auto, dann kostet es mich keinen Strom.»

Nachdem ich einen Spiegelschrank montiert hatte, wollte ich noch schnell einen Fleck im Waschbecken wegspülen. Bevor ich den Wasserhahn aufdrehte, hielt ich kurz inne, da ich ja den Strom abgestellt hatte.

Auf meinem iPhone-Screen erscheint die Nachricht, dass jetzt ein Update für Tinder möglich sei. Sofort drücke ich den O.-k.-Button und denke mir: «Endlich neue Männer.»

In meiner neuen Wohnung liegt das Badezimmer einmal über den Hausflur.
Also kam die Idee auf, ein LED-Licht mit Bewegungsmelder zu installieren.
Aber dann schlussfolgerte ich: «Das ist doch Mist. Wie soll mich das Ding denn sehen, wenn es im Flur dunkel ist?»
Ich hab nun eine Taschenlampe. Ist total in Ordnung, damit komme ich klar.

Ich möchte ein Dokument vernichten, das ich nicht mehr brauche. Moment, vielleicht brauche ich es doch noch mal und mache sicherheitshalber vorher noch eine Kopie.

Ich erwarte E-Mail-Antwort auf eine E-Mail, die ich gestern, also am Samstag, erst spätabends herausgeschickt habe.

Ich aktualisiere den Posteingang einmal gegen halb zehn, einmal um Viertel nach zehn.

Dann wünscht der Radiomoderator allen, die zugeschaltet haben, einen schönen Sonntag, und ich denke: «Klar, Sonntag, ich Depp, da kommt doch gar keine Post!»

Ich lade gerade ein Software-Update für meine Graphikkarte herunter. Der Fortschritt wird in Prozenten angezeigt, und ich rechne die Prozentangaben im Geiste in Bruchzahlen um, damit ich besser einschätzen kann, wie lange es noch dauert. 25 Prozent, also schon ein Viertel geschafft. 33 Prozent, also schon ein Drittel geschafft. 40 Prozent, also schon 40 Prozent geschafft.

SCHAFE UND AUTOS

Ich bezog meine erste eigene Wohnung. Ich betrachtete von der Straße aus die steile und kurvige Tiefgarageneinfahrt und fragte meine Mutter, wie ich denn da betrunken runterkommen soll.

Nach der Autowäsche ertappe ich mich immer wieder bei dem Gedanken, dass es jetzt – nachdem ich so viel Arbeit in die Wäsche gesteckt habe – besonders schade wäre, falls mir jemand hinten reinfahren würde.

Ich hab gerade die Sommerreifen auf mein Auto montieren lassen und die alten weggeräumt. Dabei geschimpft, weil die so unhandlich sind. Warum gibt es die nicht mit Henkel? Das wär doch praktisch!

Ich fahre mit dem Auto nach Hause. Von links kommt ein Flugzeug.
Ich denke: «Flugzeug von links. Wer hat Vorfahrt? Ich?»

Ich fahre eine Umleitung. Auch tagsüber ist es eine unheimliche Strecke. Im Auto sitzend, drücke ich die Zentralverriegelung. Damit sie auch ganz sicher angeschaltet ist, auch ein zweites Mal.

Eine Freundin fragte, wo in ihrem Auto die Kühlflüssigkeit nachgefüllt wird. Ihre CDs würden beim Abspielen immer so heiß laufen.

Es ist ein supersonniger Tag, ich fahre ins Parkhaus und schimpfe lautstark, dass es da verdammt dunkel ist und die auch mal mehr Licht anmachen könnten!
Bis mir auffällt, dass ich die Sonnenbrille noch aufhabe.

Ich soll mit meiner Chefin zu einem auswärtigen Termin
fahren und biete ihr an, dass wir mit meinem Auto dorthin fahren.

Daraufhin überlege ich: Mist, mein Auto-Innenraum
sieht ja furchtbar aus … Staub, verklebte Bonbons von
den Kindern, schlammige Fußabdrücke, auf dem Rücksitz eine Menge Regenschirme und Sporttaschen. Oje,
was wird meine Chefin von mir denken … wie unpro-
fessionell … hätte ich mal lieber nicht anbieten sollen.

Dann fällt mir ein: Der Termin ist erst in 2 Wochen.

Im Radio wurde immer gewarnt: «Achtung, das Stauende
liegt hinter einer Kurve.»

Das wunderte mich sehr. Ist doch toll: aus dem Stau
heraus in eine Kurve rollen und dann – freie Fahrt.

Okay. Es war das andere Stauende gemeint.

Gerade gedacht: «Den Motorradführerschein kann ich
wieder verkaufen.»

Ich sitze im Auto, muss dringend auf die Toilette und
komme an einem McDonald's vorbei. Höflich denke ich,
dass ich mir dann zumindest einen Kaffee holen werde,
wenn ich schon die Toilette benutze! Und fahre dafür
geradewegs zum Drive-in-Schalter.

Neulich habe ich auf einer Autofahrt als Beifahrer aus
dem Fenster geguckt und mir gedacht: «Oh, auf der Brücke sind ja nur Lkws. Und wie dicht die hintereinander

fahren!» Dann fiel mir auf, dass es sich um einen Güterzug handelte.

Bei meinem Fünf-Uhr-Tee träumte ich mich nach England und überlegte: «Haben dort auch die Motorräder das Steuer rechts?»

Meine Freundin ist auf einem Auge blind. Sie und ich waren abends mit dem Auto unterwegs, als ein Scheinwerfer ihres Wagens ausfiel. Ein sehr freundlicher Polizist stoppte uns, deutete auf den Scheinwerfer und fragte sie: «Wissen Sie, warum ich Sie aufgehalten habe? Sie fahren ‹einäugig›.» Meine Freundin antwortete: «Woher wissen Sie das?»

Mache die Kofferraumtür meines Autos auf, hole zwei Pakete raus. Klappe zu, schließe ab. Denke: «Schnell mal ausprobieren, ob die Kofferraumverriegelung immer noch kaputt ist und nicht aufgeht.» Auto wieder aufgeschlossen. «Na, so was!»

Ich steige in mein Auto ein und bemerke, dass links daneben das gleiche Modell steht. Kurz überlege ich, ob ich jetzt gerade ins richtige Auto eingestiegen bin.

Vor mir fährt ein Transporter sehr langsam, ca. 20 km/h. Ich will mich aufregen, aber schnell wird mir klar: «Ach so, der kommt vom Blindenwerk, der sieht ja nichts.»

Komme vom Gassigehen zurück, schließe mein zentral-
verriegeltes Auto auf, lasse die Hunde in den Kofferraum
und gehe zur Fahrertür. Denke: «Oje, das Auto war ja die
ganze Zeit offen!»

Eine Zeitlang habe ich «Blitzer» irgendwie magisch an-
gezogen. Woche für Woche flatterten mir Knöllchen ins
Haus. Eine Bekannte warnte mich, dass ich bei zu vielen
Knöllchen den Führerschein verlieren könnte. Ich so:
«Na und? Dann fahre ich eben mit dem Motorrad!»

Ich bin jahrelang einen Smart gefahren. Als ich dann
doch mal ein anderes Auto fahren musste, lud ich erst
mein Gepäck in den Kofferraum ein, ging nach vorne,
öffnete die Tür, nahm Platz im Auto – und fand mich auf
dem Rücksitz wieder. Erste Tür von hinten eben.

Ich komme zu meinem Stellplatz. Die Autos links und
rechts davon sind so eng an den Begrenzungen geparkt,
dass ich zwar in die Lücke hineinfahren, dann aber nicht
mehr aussteigen kann. Ich überlege, ob ich mein Auto
nicht einfach in die Parklücke schieben soll – eine schwere BMW-Limousine mit Automatik.

Da Autodiebe die Funkverbindung vom Autoschlüssel
unterbrechen, um in Autos einbrechen zu können, über-
prüfe ich jedes Mal, nachdem ich den Schlüssel gedrückt
habe, ob die Tür wirklich verschlossen ist, indem ich an
der Türklinke ziehe. Letzte Woche fuhr ich mit dem

Fahrrad, schloss es dann ab und überprüfte, ob das Fahrrad auch wirklich abgeschlossen war, indem ich am Gepäckträger zog.

Ich fuhr abends mit einer Freundin zum Essen in ein Restaurant.

Vor dem Restaurant war eine Parklücke frei, und ich sagte: «Die Lücke ist total eng, aber wir bleiben ja nicht lang.»

Ich schaue im Auto auf meine Tankanzeige und sehe, dass sich die Füllung langsam dem Ende zuneigt. Ich sehe also nur einen Strich und das «E» für «empty» und denke: «Mist, schlechte Internetverbindung und kaum Empfang.»

Ich war mit dem Rad auf dem Weg zur Theoriestunde für den Führerschein und dachte: «Wenn ich den Führerschein erst mal habe, fahre ich mit dem Auto zur Theoriestunde!»

Wir saßen in einer Gruppe zusammen und unterhielten uns darüber, dass es doch toll ist, dass auch beeinträchtigte Menschen einen Führerschein machen können. Dank Automatikschaltungen, behindertengerecht umgebauten Autos, speziellen Rückspiegeln etc. Eine Frau aus der Gruppe meinte dann: «Gibt es die Fragebogen bei den Fahrschulen eigentlich auch in Blindenschrift?»

Im Auto auf dem Rückweg vom Reiten. Ein Reh steht
am Straßenrand. Ich erblicke es und versuche umgehend
mein Auto zu beruhigen: «Hoooo, alles gut, es ist nur ein
Reh.»

Auf dem Weg in die Autowerkstatt, um die Sommer-
gegen die Winterreifen tauschen zu lassen, sinniere ich:
«Blöd – während die Monteure die Reifen wechseln, stehe ich rum und vertue meine Zeit.»
　　Pause.
　　Geistesblitz: «Ha, während die die Reifen montieren,
nutz ich die Zeit und fahr mit dem Karren schnell durch
die Waschanlage.»

Mein Lebensgefährte ist vor einigen Tagen geblitzt worden, befürchtet nun, den Führerschein zu verlieren, und
ärgert sich, dass er dann mit der Bahn zur Arbeit muss.
Selbstlos biete ich ihm an, während der Zeit doch meinen
Wagen zu nehmen.

Samstagabend. Meine beste Freundin und ich fahren in
ein ziemlich volles Parkhaus und suchen verzweifelt einen Parkplatz. Plötzlich sehe ich einen und weise meine
Freundin darauf hin. Darauf sie: «Nee, da dürfen wir
nicht drauf, der ist nur für Frauen.» Erst nach zehn Sekunden bemerkt sie: «Ach ja, wir SIND ja Frauen!»

Nach anspruchsvoller Fahrt bedanke ich mich bei meinem Navi.

Meine Freunde und ich saßen zusammen und planten eine Fahrt an den See. Wir waren zu sechst und hatten zwei Autos mit jeweils fünf Plätzen zu Verfügung. Nachdem das feststand, schrie meine Freundin bestürzt: «Das ist ja doof, da muss ja einer alleine fahren!»

Ich war in meinem Auto auf dem Weg nach Hause. Es hatte furchtbar geregnet und auf der Straße waren tiefe Pfützen. Irgendwann kam mir ein Lkw entgegen, der durch eine große Pfütze fuhr. Ich sah das ganze Regenwasser auf mich zukommen und dachte nur: «Oh Gott, jetzt wirst du ganz schön nass!»

Ich habe getankt und gehe zum Bezahlen an die Kasse. Als ich der Kassiererin meine EC-Karte reiche, fragt sie mich: «Welche Nummer?» Nach einem verdutzten Zögern antworte ich vorsichtig: «Äh, entschuldigen Sie bitte, aber die geht Sie doch eigentlich wirklich nichts an.» Die Kassiererin meinte die Nummer der Zapfsäule.

Meine Mutter fuhr das Auto, ich war ihre Beifahrerin. Als sich unsere Hände streiften, sagte sie zu mir: «Du hast so schön kalte Hände, kannst du mir die mal bitte auf die Augen legen?» Bei voller Fahrt.

Seit ich eine Auto-Öffnungs-Fernbedienung besitze, kommt es vor, dass ich mich auf dem Beifahrersitz meines Autos sitzend frage: «Warum fährt hier keiner los?», um dann festzustellen, dass ich die Fahrerin bin.

Meine Chefin telefoniert mit unserem Autohändler, bei dem wir gerade einen neuen Geschäftswagen für unseren Fuhrpark erworben haben. Dieser Autohändler übernimmt als Serviceleistung natürlich auch das Anmelden des Autos.

Meine Chefin wird am Telefon gefragt, ob sie denn ein spezielles Wunschkennzeichen für den neuen Firmenwagen hätte.

Sie: «Hm, ach … nee, ich weiß nicht. Also am besten wäre natürlich ein Kennzeichen, das es noch nicht gibt.»

Im Auto ducken, wenn ein Vogel zu dicht darüberfliegt.

Frühmorgens. Schlecht geschlafen. Stehe auf dem Firmenparkplatz, wo neben mir ein Kollege einparkt. Der steigt aus und geht. Ich sehe, wie sein Auto nach hinten wegrollt. Steige schnell aus meinem Auto, um seins aufzuhalten, plötzlich rollt meins auch los. Ich greife auch danach. Ein anderer Kollege kommt angerannt, weil ich mein Auto kaum halten kann, und hat einen merkwürdigen Gesichtsausdruck. Dann dämmert es mir: Es war nur mein Auto, welches gerollt ist, weil ich die Handbremse nicht richtig angezogen hatte.

An der roten Ampel. Schräg vor mir steht ein fremdes Auto, dessen Reifen eindeutig zu wenig Luftdruck haben. Ich stiere die ganze Rotphase lang gedankenverloren auf die Reifen. Grün. Ich fahre zur nächsten Tankstelle und hol mir das Luftdruckprüfgerät. Ich will gerade die Reifen von meinem Auto aufpumpen und schaue recht verdutzt. «Hä? Die haben ja gar nicht zu wenig Druck.» Haben sich anscheinend nicht beim fremden Auto angesteckt.

Ich schaue im Auto in den Rückspiegel und rege mich über eine aufgebrezelte Dränglerin im offenen Cabrio auf. Ich sage etwas verärgert zu mir selbst: «Die aufgedonnerten Mädchen werden auch immer jünger, wie alt die wohl ist, bestimmt noch keine 16!»

Gestern fuhr ich mit dem Rennrad zu Bekannten. Da es warm war, kamen mir viele Cabrios entgegen. Ich trage grundsätzlich Helm und wundere mich oft, warum andere dies nicht tun. So auch, als mir ein kleines Cabriolet entgegenkam: «Warum trägt die Fahrerin keinen Helm? Wie unvernünftig!»

Ich habe für meine Arbeit ein kleines Radio geschenkt bekommen und sagte mir: «Gut, kann ich ja auch im Auto mitnehmen, damit ich da Musik habe.»

Mein Mann fährt Auto, ich sitze neben ihm auf dem Beifahrersitz. Auf der Straße kommt ein Schild in Sicht, das in kurzem Wechsel immer 50 und danach ein Ausrufezeichen anzeigt.

Mein Mann: «Wieso zeigt das Schild das Ausrufezeichen? Ich fahr doch nur 50!»

Ich: «Das Ausrufezeichen ist bestimmt für den hinter uns, der fährt schneller!»

Ich fahre am späten Abend auf der Berliner Stadtauto-
bahn. Als ich meine Ausfahrt nehme, mache ich vor dem
Abbiegen einen Schulterblick – da könnte ja ein Radfahrer sein.

Im Auto. Niesen. Scheibenwischer an.

Ich war schon dabei, in den parallel zur Fahrbahn verlaufenden Radweg einzubiegen, als ich den Blinker zu-
rücksetzte und geradeaus weiterfuhr. Heute hatte ich ja
ausnahmsweise das Auto.

Heute Morgen, ich musste recht früh zur Arbeit, habe
ich mich dabei erwischt, wie ich versuchte, durch lang-
sames Umdrehen des Zündschlüssels und mit leicht ver-
kniffenem Gesicht mein Auto LEISE zu starten, um nie-
manden zu stören.

Parkgebühren per SMS bezahlt, ans Auto gekommen
– Strafzettel dran – zum Ordnungsamt gefahren – Rabatz
gemacht – heimgekommen und meinem Mann davon erzählt. Er so: «Du weißt aber schon, dass du heute mein
Auto dabeihattest?»

Auf dem Weg zu einer Veranstaltung, schon ziemlich spät
dran und das Auto voll mit Freunden, fällt mein Blick auf
die Tankanzeige. Verdammt, jetzt aber noch ganz fix getankt. «Ja, ja, ich beeile mich!»
   Dann schnell rein zum Bezahlen, vor mir stehen vier

absolut relaxte Tankstellenkunden. Nach zehn Minuten bin ich endlich an der Reihe, hole ruck, zuck die EC-Karte hervor und reiche sie der Kassiererin. Sie sieht mich an und meint dann: «Vielleicht sollten Sie erst mal tanken, bevor Sie bezahlen?»

Winter. Ich fuhr mit meinem neuen Mini zur Arbeit.

Nach Feierabend war mein Auto komplett eingeschneit.

Ich steige also in mein Auto, um den Kratzer zu suchen, und sehe einen Knopf mit einer Schneeflocke.

Erster Gedanke: «Ja, mega! Ich habe einen Knopf, der den Schnee auf dem Auto schmilzt!»

Da radelte ich völlig in Gedanken durch meine Stadt und notierte innerlich, was es noch alles zu erledigen gab am heutigen Tag. Auf der Liste stand auch «Auto volltanken». Als ich mit meinem Rad an der Dieselzapfsäule der Tankstelle anhielt, die auf meinem Weg lag, versuchte ich diesen kleinen, aber dämlichen Fauxpas zu überspielen, indem ich mir eines der Papiertücher aus dem Spender rupfte und mit gerümpfter Nase imaginären Dreck an meinem Fahrradlenker abwischte.

Ich sitze auf dem Oberdeck eines Berliner Doppeldeckerbusses in der vordersten Reihe. Es ist Abend, die Sonne steht sehr tief. Als sie mich stark blendet, hebe ich meinen Arm und lasse ihn instinktiv eine Weile auf der Suche nach der Sonnenblende zum Herunterklappen kreisen.

Ich wohne in einer Gegend mit sehr wenigen Parkplätzen. Manchmal ist die Situation besonders mies. Kurz bevor ich in meinen Stadtteil komme, fahre ich durch einen teuren Stadtteil mit sehr vielen freien Parkplätzen und suche am Lenkrad die Tastatur, um per «Strg c» die freien Parkplätze mitzunehmen.

Jahrelang dachte ich, dass «Ankunftszeit» auf der Parkscheibe bedeutet, dass man die Zeit einstellen soll, zu der man wieder da ist (also ankommt). Bis ich eines Tages (nach ca. 20 Jahren Führerscheinbesitz) ein Knöllchen bekomme, die Politesse gerade noch erwische und ihr erkläre, dass sie einen Fehler gemacht hat, da die Ankunftszeit ja noch gar nicht erreicht war.

Ich fahre Auto, vor mir einige Fahrradfahrer. Als diese an einer Kreuzung vor dem Abbiegen den rechten Arm zur Seite heben, mache ich das automatisch ebenfalls.

Ich fahre mit meiner Familie und unserem Wohnwagen auf der Autobahn. Da durchzuckt mich der Schreck: «Fuck, der fährt mir gleich hinten auf!»

Ich habe eine Dauerparkkarte fürs Firmenparkhaus. Als ich mein Auto nach Feierabend vor der Wohnung parke, überlege ich kurz, ob ich die Karte im Auto lassen oder lieber mitnehmen soll. Entscheide mich fürs Mitnehmen, denn wenn einer das Auto klaut, dann ist ja die Karte weg und ich komme morgen nicht ins Parkhaus.

Neulich fuhr ich auf eine Ampel zu, an der ein permanenter Grünpfeil montiert war. Mein Gedanke: «Warum ist da ein Grünpfeil, wenn die Ampel eh grün ist?»

Ende der siebziger Jahre kaufte ich meinen ersten Mini Cooper. Dieses kleine Auto hatte damals schon ein Armaturenbrett aus Walnussholz. Alles sehr schick. Ich habe viele Monate darüber gegrübelt, wie viele Walnüsse die Engländer gebraucht haben, um dieses tolle Holz daraus herzustellen.

Der Autoschlüssel ist ganz unten in der vollen Tasche. Mit kommt eine tolle Idee: «Ich räume die Tasche in den Kofferraum aus. Dann komm ich bequem an den Schlüssel und kann das Auto aufschließen!»

Einmal hatte mein Mann das Auto etwas schief geparkt. «Kein Problem», dachte ich, «dann machen wir das halt wie beim Fahrrad: einfach hinten anheben und gerade hinstellen.»

Spätabends fuhren ein Freund und ich, jeder in seinem Auto, nach Hause. Nach einigen Metern stoppte ich jedoch, weil mir die Scheibe zu stark beschlagen war. Also griff ich zum «Scheibenabwisch-Schwamm» und wischte über die Frontscheibe.
Blöd. Die Scheibe war von außen beschlagen. Aber so leicht lass ich mich nicht unterkriegen!
Also beugte ich mich, unangeschnallt, bei laufendem

Motor, aus dem Seitenfenster heraus und begann mit einem langen Arm, den Fahrersichtbereich frei zu wischen.

Mein Freund fand das alles ziemlich lustig, allerdings nur, weil ich aus dem Fenster hing und nicht einfach ausgestiegen bin. Nach circa zehn Minuten Fahrt fand ich, dass auch die Heckscheibe recht undurchsichtig war, und klärte mir den Blick mit Hilfe des Heckscheibenwischers.

Ich frage mich, was eigentlich eine Auto-Freisprechanlage ist. «Antwortet die für mich, wenn ich mich auf den Verkehr konzentrieren muss?»

Ich bin im Auto unterwegs und höre Radio. Es läuft ein Song, den ich zwar kenne, von dem ich aber weder Interpret noch Titel weiß. Was ich hingegen weiß: In diesem Song gibt es eine Passage, wo sich der ganze Rhythmus verlangsamt, ehe er dann wieder beschleunigt wird. Nun, es kommt besagte Passage – der Song wird langsamer. Automatisch schaue ich auf den Tacho, da ich davon ausgehe, dass ich die Geschwindigkeit meines Autos gedrosselt habe und sich der Song deshalb verlangsamt.

Ich fahre nach dem Tanken hinter einem weißen Transporter her, der auch gerade getankt hat. Nach wenigen Metern biegt er auf ein Firmengelände ab und kommt dort zum Stehen.

Ich denke nur: «Also die paar Meter hätte er jetzt auch zu Fuß gehen können.»

Zwei Jahre sind um und das Auto muss zum TÜV. Der Termin ist am Freitagnachmittag, zu dieser Zeit durch die volle Stadt zu fahren nervt. Mein Plan: Ich gucke, wie man mit öffentlichen Verkehrsmitteln dorthin kommt.

Vor mir ist ein Lkw, dem ich einfach hinterherfahre. Es geht mehrere Kilometer geradeaus, bis zum Ende der Bundesstraße, und ich muss an nichts denken.

Nach einer Weile biegt er in eine Baustelle ab. Ich fahre hinterher.

Vor mir fährt ein Auto mit Stuttgarter Kennzeichen und den Buchstaben OS. Schnell greife ich zum Handy mit dem Gedanken: «Scheiße, der setzt einen Notruf ab, ich muss die Polizei informieren!»

Im Auto. Ich: «Schau mal vor uns. Ein Audi A8 3,7 Liter!» Meine Frau: «Da kannst du nichts drauf geben. Das können die sowieso nicht einhalten!»

Die ca. 35 Kilometer ins Büro kann ich über mehrere Wege und insgesamt drei Autobahnen fahren. Da das Verkehrsaufkommen sich jeden Tag etwas verändert, lasse ich mich morgens immer von Google Maps führen, das immer Informationen über aktuelle Verkehrsbehinderungen hat.

Seit einiger Zeit werde ich auch mit hilfreichen Informationen zur Streckenführung versorgt, z. B. warum heute ausgerechnet diese Strecke gewählt wurde und nicht eine andere.

«Die Fahrtzeit beträgt 41 Minuten. Der Unfall auf der A57 wird vermieden. Sie befinden sich auf der schnellsten Strecke.»

Für einen Moment denke ich: «Toll, dass Google dank Big Data verhindert, dass ich auf der A57 einen Unfall haben werde.»

Ich habe letztens für meine Familie und mich eine Groß-packung Winterwischwasser für unseren Fuhrpark ge-kauft. Abends war es relativ frisch, und ich dachte: «Hof-fentlich ist heute Nacht kein Frost, ich habe ja noch das ganze Wischwasser im Kofferraum.»

Eben gehe ich die Straße entlang. Als kein Auto mehr kommt und mir den Weg leuchtet, denke ich kurz: «Oh, ist mein Licht kaputt?»

Ich fahre mit dem Auto und habe das Navi an. Die Stim-me sagt: «In 100 Metern links abbiegen.» Ich ordne mich links ein und fahre langsam auf die Ampel zu. Die Ampel ist rot und ich halte an. Das Navi sagt: «JETZT links abbiegen.» Ich sage ärgerlich: «Es ist ROT!»

Neben mir steht ein Wagen an der Ampel, die Fahrerin ohne Sonnenbrille blinzelt durch die Windschutzschei-be, um zu erkennen, wann es grün wird. Ich hupe kurz und bedeute ihr, sie solle doch die Sonnenblende runter-klappen. Daraufhin lassen wir beide die Scheibe runter, und sie fragt: «Darf man die Sonnenblende nicht nur im Sommer benutzen?»

GLOTZENDE SCHAFE

Im Fernsehen läuft eine Doku über Orang-Utans. Mein Zwillingsbruder zeigt grinsend auf den Fernseher und sagt: «Guck mal, im Fernsehen ist dein Bruder, haha.»

Wir gucken zdf.kultur. Es läuft gerade «Chart Attack» vom 9.5.1998, und es gibt einen Liveauftritt von den «Flying Steps» mit Breakdance zu ihrem Hit «Super Sonic». Kurz kommt mir der Gedanke, dass die Jungs sich ganz schön gut gehalten haben.

Ich schaue eine Dokumentation über Alois Alzheimer, den Entdecker der gleichnamigen Krankheit. Es wird von dem Fall erzählt, der ihn auf diese Krankheit aufmerksam machte: Eine Frau vergisst ihren Namen, kann Dinge nicht benennen und kennt das Datum nicht. «Die hat doch Alzheimer», denke ich mir, «warum hat der das nicht erkannt?»

Ich schaue einen Krimi, in dem eine Frau in einem Lokal stirbt, weil ihr Essen vergiftet war. Zuvor hatte sie mit ihrer männlichen Begleitung den Teller getauscht. Besagter Mann wird von einem bekannten Schauspieler gespielt, und ich denke mir: «Glück gehabt, dass sie die Teller getauscht haben, sonst hätten sie den ganz umsonst engagiert.»

Der Film im Kino ist nicht so spannend wie erhofft – ich will zur Fernbedienung greifen, um vorzuspulen.

Gestern Abend schaute ich eine Doku über Bela Lugosi. Während der Interviews aus den 1930er Jahren dachte ich: «Wie gut die Leute damals schon Englisch gesprochen haben.»

«Möchtest du ‹Rommel der Wüstenfuchs› sehen?»
    «Nein, bitte keinen Tierfilm, da muss ich immer weinen!»

Meine Frau und ich sehen «12 years a slave». Mitten im Film fragt sie: «Wie lange war der eigentlich Sklave?»

Meine Schwester lässt sich über die neue Optik der Biene Maja aus: «Maja wurde viel zu schlank gemacht. Immerhin ist sie eine Hummel, und die müssen rund sein!»

Sitze mit einer Freundin in der Nachmittagsvorstellung im Kino. Im Film ein Unwetter. Ich zu meiner Freundin: «Boah, wenn es gleich noch so regnet, habe ich aber keine Lust, shoppen zu gehen.»

Ich, meine Mama und mein Bruder sitzen im Kino. Die Werbung beginnt, und es scheppert in den Ohren. Aus Reflex schaut meine Mama sich um und fragt: «Wo ist die Fernbedienung? Mach mal bitte etwas leiser!»

Ich schaue Fußball mit meiner Tante. «Ich dachte immer, beim Fußball spielen zwei Mannschaften gegeneinander!» – «Hä?» – «Wer sind denn die im roten Trikot?» – «Bayern.» – «Und die Grünen?» – «Na Bremen.» – «Und die Gelben?» – Sie schaut mich verdutzt an und sagt: «Schiedsrichter.»

Ich stand letztens, draußen war es schon dunkel, unter der Dusche. Hatte auf einmal ein ungutes Gefühl und dachte: «Was würde ich jetzt machen, wenn wie in ‹Psycho› plötzlich ein irrer Killer reinkäme?» Doch dann die Erleichterung: «Ach ne, da würde ich ja jetzt schon die ‹Psycho›-Musik hören können.»

Als großer Fan von «Star Trek» machte ich es mir vor dem Fernseher gemütlich, um mir eine Folge zu gönnen. Während des Vorspanns fragte ich mich, in welcher Währung die außerirdischen Schauspieler bezahlt werden und ob es wohl oft Probleme bei den interplanetaren Überweisungen gibt.

Ich sah im Vorbeigehen im Fernsehen die Tour de France laufen und dachte: «Wo ist die eigentlich dieses Jahr?»

Ich sitze mit meinem Freund im Kino. Wir schauen
«Batman».

Bevor wir das Kino betreten haben, haben wir uns
wegen irgendwelchem Kram in die Wolle bekommen.
Ich sitze also, beleidigt und schmollend, neben meinem
Freund im Kino und lasse mich von Bruce Wayne be-
schallen.

Meine Gedanken sind dabei weniger beim Film, eher
bei meinem gekränkten Ego.

Als wir das Kino verlassen, stelle ich eine Frage, die eigentlich nur dazu dienen soll, Frieden zu schließen: «Sag
mal, wer war jetzt Batman?»

Vor etlichen Jahren arbeitete ich ein paar Monate lang in
Irland. Es war zu einem Zeitpunkt, als ich schon wirklich
gut Englisch sprechen konnte und sogar schon anfing, auf
Englisch zu denken. Da sah ich spätabends im Fernseher
einen deutschen Film in Originalfassung mit englischen
Untertiteln und las ganz konzentriert mit.

Nach langer Zeit bin ich mal wieder zu Besuch bei mei-
ner Familie, und wir schauen uns eine Naturreportage im
TV an. Es wird berichtet über Eisbären, Braunbären und
Schwarzbären.

Als nun erwähnt wird, dass die Braunbärmutter auf der
Suche nach Blaubeeren ist, schaue ich meine Mutter an
und frage, wo denn die Blaubären leben.

Ich schaue «Breaking Bad». Jemand zieht eine in Plastik gewickelte Leiche die Treppe rauf. Er rutscht ab und das Paket wieder runter. Alles von vorn. Ich ertappe mich, wie ich denke: «Scheißrolle, die ganze Zeit komplett in Plastikfolie. Da kriegt man ja gar keine Luft.»

Ich schaue mal wieder meine geliebte Serie auf DVD und kann nicht aufhören. Um 2 Uhr nachts denke ich: «Ich sollte doch so langsam mal ins Bett gehen!» Da wird eine Uhr eingeblendet, die 20 Uhr anzeigt. Ich denke: «Super, ist ja noch gar nicht so spät, da kann ich noch 4 Stunden gucken!»

Ich gucke einen Film, in dem eine Frau behauptet, seit 7–8 Jahren auf einer einsamen Insel festzusitzen. Und ich denke: «Wie unglaubwürdig! In der Zeit müsste die doch so einen langen Bart bekommen haben!»

Mein Mann erzählte mir, dass er noch bis in die neunziger Jahre hinein einen Schwarzweißfernseher hatte. Darauf ich: «Gab es denn dafür überhaupt noch Programme?»

Habe kürzlich «Columbo» geguckt und mich gewundert, warum er in der Wohnung des Zeugen, den er gerade befragte, auf dem Festnetz-Telefon angerufen wurde – und nicht auf seinem Handy.

O. k., die Folge ist von 1974.

Ich zappte einmal in eine computeranimierte Tierdoku hinein und staunte: «Wow, so ungewöhnliche Tiere haben mal auf der Erde gelebt? Warum hab ich von denen noch nie gehört?»

Bis mir aufging, dass es eine Sendung darüber war, was für Tiere sich in Zukunft eventuell einmal entwickeln werden.

In einen Film mit «Dick und Doof» reingezappt und mich gefragt: «Wie hießen Laurel und Hardy noch mal?»

Einmal dachte ich im Hochsommer, es brächte mir Abkühlung, wenn ich einen Film über eine Mount-Everest-Expedition in Schnee und Eis anschaue.

Ich sehe im TV einen Bericht über einen beidbeinig Amputierten, der auf zwei Prothesen ziemlich selbstbewusst sein Leben bestreitet. Man sieht den Mann nur in Unterhose an einem Bodybuilding-Wettbewerb teilnehmen, und ich denke bei mir: «Die sind nicht echt! In diese dünnen Stangen kriegt der niemals seine Beine rein.»

In einem Gespräch über ältere Disneyfilme dachte ich eben etwas länger darüber nach, wie das kleine Mädchen aus «Lilo & Stitch» hieß.

Wir schauen das Fußballspiel Deutschland gegen Georgien. Als vor dem Spiel die georgische Hymne ertönt, denke ich: «Toll, die kannte ich noch gar nicht. Mal gespannt, wie die andere Hymne ist.»

Sehe heute in der Zeitung eine Anzeige für einen Dokumentarfilm über Malala Yousafzai, der heute anläuft, und denke mir noch: «Das Mädchen auf dem Bild sieht ihr aber wirklich sehr ähnlich.» Dann überlege ich, wer sie spielt.

Freunde von mir (Thomas und seine Frau) sind eben zu Besuch gekommen, während ich noch eine Folge einer englischen Krimiserie ansehe, in der ein Darsteller auf sehr unfeine Art sein Essen herunterschlingt. Ich sage laut (in Anwesenheit der Freunde): «Eklig, der frisst ja wie ein Schwein.» Kurz darauf ist der Darsteller groß im Bild zu sehen und ich bemerke, dass er Thomas sehr ähnlich sieht. Also rufe ich: «Hey, Thomas, der ist dir ja total ähnlich.»

Lass mich gerade total erschöpft aufs Sofa fallen, da sehe ich, wie jemand im Fernsehen auf eine Haustürklingel drückt: «Ding dong.» Oh Mann, jetzt muss ich wieder aufstehen.

Zu meiner Geschichte muss ich sagen, dass mein Fernsehempfang über DVB-T kommt und häufig schon stockt, wenn ich durchs Wohnzimmer gehe. Jetzt sitze ich auf dem Sofa und gucke einen Film. Auf einmal fängt mal wieder das Bild an zu krisseln und zu stocken, und im Film bricht eine Kutsche durch eine Hauswand. Mein Gedanke: «Kein Wunder, dass der Empfang so schlecht ist, wenn da eine Kutsche durch die Wand kommt.»

Ich schaue eine BBC-Doku, die in der Arktis spielt, ein Schwarm schwarz-weißer Vögel fliegt durch das Bild und ich denke: «Ah, Pinguine.»

Im Fernsehen wird gezeigt, wie jemand auf dem Bauernhof frisch gelegte Hühnereier einsammelt. Auf mich wirken die Eier ziemlich klein. Ich denke: «Warum nehmen sie die Eier denn schon raus? Wenn sie noch ein bisschen warten, wachsen die doch noch.»

Ich schaue Fußball im Fernsehen. Der Spieler Christoph Kramer muss ausgewechselt werden. Beim Verlassen des Platzes hält er sich den Bauch. Der Kommentator vermutet, dass ihm übel ist.
Mein erster Gedanke: «Vielleicht ist er ja schwanger.»
Mein zweiter Gedanke: «Ach, bin ich blöd, wäre er schwanger, dürfte er wegen der Verletzungsgefahr doch überhaupt nicht mitspielen.»

Neulich beim Fernsehen: Während einer Sendung wird ein Banner eingeblendet, das aussah wie die Werbeanzeigen auf manchen Webseiten. Mein erster Gedanke: «Wo ist denn da das X zum Wegklicken?»

Sitze im aktuellen Kinofilm «Königin der Wüste», der Anfang des 20. Jahrhunderts spielt. Nicole Kidman als eigenwillige Protagonistin wird in einer abgelegenen Beduinen-Hochburg zum Scheich in die Festung geladen, allerdings in einen sehr baufälligen Teil. Plötzlich verschwinden alle Bediensteten und die Situation wirkt bedrohlich. Ich denke mir: «Klar, das machen die doch nur, um die Reaktion mit Kameras zu beobachten, weil sie westliche und emanzipierte Frauen nicht gewohnt sind.»

DIGITALE SCHAFE

Ich habe den ganzen Tag vor dem PC gesessen und GTA gezockt. Abends steige ich ins Auto, um zu einem Freund zu fahren. Kurz vor einer Kurve denke ich: «Falls ich zu schnell bin und aus der Kurve fliege, kann ich ja neu laden.»

Mit meinem Chef zusammen gestalte ich einen Flyer, wobei er für die Texte zuständig ist und ich für die Gestaltung. So weit kein Problem. Mein Chef meint: «Dann kannst du den Link noch reinsetzen, sodass man einfach draufdrückt und die Webseite sich öffnet!»

Ich arbeite am Computer und lösche eine Datei, indem ich sie in den Papierkorb ziehe. Kurz darauf fällt mir ein, dass ich doch noch eine Info aus dem Dokument benötige, und beuge mich über den Papierkorb unter meinem Tisch, um es wieder herauszuholen.

Nach 14 Tagen Urlaub kann ich endlich wieder meinen
Briefkasten leeren.

Beim Leeren bekomme ich kurz Panik – was, wenn ein
wichtiger Brief im Spamordner gelandet und schon ge-
löscht worden ist?

Ich kopiere auf meinem Smartphone einen Text, indem
ich mit meinem Zeigefinger fest auf den Bildschirm drücke und dann auf «Kopieren» klicke. Dann spreize ich
meinen Zeigefinger ab, damit die Information, die dort
gespeichert ist, bloß nicht verloren geht.

Seit einiger Zeit bin ich ziemlich 2048-süchtig. Für
Nichtwissende: Ein Online-Spiel, bei dem man die Zahl
2048 erreichen muss, indem man zwei Kästchen mit den
gleichen Zahlen aufeinanderschiebt, die dann zusam-
menploppen und zu einem Kästchen mit dem Wert der
doppelten Zahl werden.

Und so fuhr ich gedankenverloren auf der Autobahn
und hoffte, dass die beiden Lieferwägen endlich inein-
anderfahren, damit sie zu einem Lkw verschmelzen würden.

Ich spiele gerade ein Computer-Rollenspiel, in dem der
Held unter anderem auch Hirsche jagen kann. Ich schaffe
es einfach nicht, mit meiner Figur nahe genug an die Tiere heranzukommen, um sie mit dem Bogen zu erlegen,
weil die Computerhirsche sehr gut hören und immer vorher weglaufen. Dann habe ich eine Idee: Ich regle einfach

die Lautstärke an meinem Rechner runter, dann schleicht mein Held doch auch leiser!

Sehe einen Güterzug vorbeifahren und denke: wie altmodisch, kann man doch alles online bestellen.

Wollte gerade ein neues Open-Office-Dokument erstellen und dachte dann: «Benutz doch erst das alte, das gibt weniger Müll.»

Vor einiger Zeit hatte ich einen stressigen Auftrag mit unzähligen Abbildungen, die aufs exakteste farbkorrigiert werden mussten. Zwischendurch fuhr ich mit dem Auto immer wieder in die Druckerei, um die Probedrucke abzuholen und zu überprüfen. Während der Fahrt bemängelte ich mit Blick auf den Asphalt seinen Rotstich und fragte mich, warum das nicht gleich beim Teeren aufgefallen und korrigiert worden ist.

Ich messe Fieber und lese nebenbei Nachrichten auf dem iPhone. Das Fieberthermometer piept auch nach Minuten noch nicht. «Kein Wunder», denke ich, «ich steh ja auch viel zu weit weg vom Router.»

Obwohl ich seit drei Jahren auf dem Reader lese, habe ich mich immer noch nicht daran gewöhnt.
Wenn mir ein Tröpfchen Kaffee oder Wasser auf den Bildschirm tropft, ärgere ich mich über den Fleck im Buch. Schlimm ist auch, den Reader aufgeklappt aufs

Gesicht zu legen, damit sich die Buchseite, auf der ich gerade war, nicht verblättert.

Habe mir für die Gemütlichkeit eine Kaminfeuer-DVD eingelegt. Als es einmal heftig knistert und knallt, schaue ich erschrocken nach, ob ein Funke auf den Teppich gefallen ist.

Beim Arbeiten am PC mit dem Mauszeiger an der dahinterliegenden Wand den aktuellen Tag auf dem Wandkalender einstellen wollen.

Ich räume meinen Schreibtisch auf. Schnappe mir ein Blatt Papier mit Notizen, überfliege es und denke mir: «Brauchst du nicht mehr, kannst du löschen.»

Normalerweise spiele ich morgens im Bus mit dem Handy «Quizduell». Heute Morgen aber musste ich unbedingt mein spannendes Buch weiterlesen. Als der Bus beim Lidl um die Ecke biegt, packe ich das Buch weg – denn jetzt kommt ja gleich das Funkloch, und da hab ich keinen Empfang mehr.

Ich hatte mal wieder einen kompletten Abend und die halbe Nacht mit Sims-Spielen verbracht und musste mich um 3 Uhr förmlich ins Bett zwingen. Als ich dann dalag, konnte ich nicht einschlafen. Mein Hirn sagte mir ständig: «Du kannst gar nicht schlafen, wenn du nicht vorher auf den Befehl ‹Schlafen› geklickt hast!»

Zu der Zeit, als der allererste Gameboy auf dem Markt war, gab es eine Phase, in der ich Stunden um Stunden täglich Dr. Mario gespielt habe. Es verging kaum ein Tag, an dem ich die Pillen nicht sogar hab fallen sehen, wenn ich abends im Bett die Augen zugemacht habe. Einmal war ich krank und musste Antibiotika nehmen, in Kapselform. Als ich eine davon nahm und noch einen Schluck Wasser hinterher trank, sinnierte ich verwirrt: «Mist, hab ich die jetzt waagerecht oder senkrecht genommen?»

Ich gehe in den Buchladen und frage mich, wo die E-Books stehen.

In meiner Firma sieht man immer häufiger die neumodischen Smartwatches an den Handgelenken. Inzwischen ist es also normal, dass der Kollege plötzlich auf seine Uhr schaut, um eine Nachricht zu lesen.

Wir gehen gemeinsam zum Mittagessen, als sich mein Smartphone durch Vibration zu Wort meldet. Also schaue ich auf meine (analoge) Uhr.

Habe Post-its am Monitor. Manchmal versuche ich, sie anzuklicken.

Ich fotografiere ab und zu mal mit einer analogen Kamera und gucke mir nach dem Fotografieren den Kamerarückdeckel an.

Ich liege mit einem Reiseführer (aus Papier) im Bett und möchte etwas über eine Sehenswürdigkeit nachlesen. Dummerweise finde ich diese nicht im Inhaltsverzeichnis und beginne verzweifelt, nach dem Eingabefeld für die Stichwortsuche Ausschau zu halten.

Heute früh lese ich die Zeitung und sortiere nebenbei ein paar Bücher auf meinem E-Book-Reader ein. Es dauert länger als erwartet, und ich denke: «Dann muss ich die Zeitung mal kurz umblättern, sonst geht sie aus.»

Ich arbeite ab und an als freie Mitarbeiterin beim NDR.

Die Mitarbeiter haben einen Ordner auf dem dortigen Server, um Daten abzulegen und auszutauschen.

Als ich meine Brieftasche vergessen hatte, lieh mir eine Kollegin 10 Euro fürs Mittagessen.

Wir haben überlegt, wie ich das Geld zurückgeben kann, weil sich unsere Dienste vorerst nicht überschneiden würden.

Ich habe ihr dann vorgeschlagen, dass ich das Geld doch in ihren Ordner auf dem Server legen kann.

Ich war mit einer Freundin für einen Tag auf Sylt. Wir hatten super Wetter und genossen unseren langen Strandspaziergang. Hin und wieder haben wir angehalten, um die schöne Landschaft zu genießen und zu fotografieren. Ich schaute zum blauen Himmel hoch und überlegte für einen Moment, mit welchem Filter wohl dieses Tiefblau entstanden ist.

Habe neulich in einem Buch eine Passage gelesen, die ich sehr lustig fand, und hatte spontan den Impuls, den «Gefällt mir»-Button zu drücken.

Ich saß in der S-Bahn auf dem Weg zu einem Konzert, in der Hand mein Handy, dessen Akku nicht besonders belastbar ist. Ich dachte daran, dass ich es nicht zu häufig verwenden sollte, da ich es für den Rückweg noch brauchte. Dann sah ich aus dem Fenster, lächelte beim Gedanken an den kommenden Abend und hörte mit dem Gedanken: «Nicht, sonst hast du später keins mehr», wieder abrupt mit dem Lächeln auf.

Ich fahre gelegentlich Straßen mit Google Street View ab, die möglichst weit von zu Hause weg liegen. In Salt Lake City klickte ich mich also eine Straße entlang, bis ich mir an einer gelben Ampel dachte: «Jetzt aber schnell, die schaffst du noch!»

Der Winkel meines Laptopmonitors ließ mich nicht alles richtig erkennen. Also – um den Monitor etwas zurückzuklappen – mit dem Mauszeiger am oberen Bildschirmrand geklickt, gedrückt gehalten, die Maus vorgeschoben – und … nichts passiert. Muss ich wohl doch noch per Hand machen.

Ich bekam heute einen Brief von der Telekom und überlegte einen Moment lang, ob ich ihn öffnen sollte oder ob eventuell ein Computervirus dranhängt.

Ich drücke mit meinem Finger lange auf ein Wort in meinem gedruckten Buch, um mir die Erklärung im Lexikon anzeigen zu lassen.

Deutsch-Abi, langsam geht die Zeit zur Neige, aber ich bin mit meinem Aufsatz noch nicht fertig. Es muss also schneller gehen! Gestresst beginne ich, ein langes Wort zu schreiben, höre mitten im Wort auf und warte auf die Vorschläge der Autokorrektur, das geht ja bekanntlich schneller.

Bei Google eingeben: «Wo ist meine Brille?»

Vor vielen Jahren hatte ich einen Computer, der über einen Farbfernseher als Monitor lief. Damals gab es noch Modelle, bei denen man per Drehknopf die Farbintensität, die Helligkeit und den Kontrast verändern konnte.

Nach einem langen Tag an diesem Computer wollte ich am Abend noch ein bisschen Luft schnappen und machte einen kleinen Schaufensterbummel. Ich blieb vor einer Boutique stehen, die Pullover mit hübschen Mustern ausstellte, die Farben waren sehr pastellig, zu matt für meinen Geschmack; und ich spürte ein paar Sekunden lang den Impuls, nach dem Farbkontrast-Knopf zu greifen und die Farben ordentlich aufzudrehen.

Sitze im Wartezimmer einer Arztpraxis und lese über mein Smartphone Beiträge auf sekundenschaf.de. Ich denke mir: «Ich werde sicher gleich aufgerufen», und suche auf meinem Schoß schnell das Lesezeichen, das ich immer dabeihabe, wenn ich Bücher lese.

Ich wusste: Irgendwo in dieser kleinen Wohnung ist der blaue Karabinerhaken. Ich hab ihn doch letztens noch gesehen!

Also gebe ich einfach ein: «suchen Wohnung» «Karabinerhaken Blau». Entertaste drücken, fertig!

Im Büro. Habe Durst. Gieße Wasser in mein Glas und stelle es mitten vor mich auf den Schreibtisch. Greife zur Maus und versuche, draufzuklicken, um das Wasser anzuwenden.

Also, eigentlich bin ich ja bestens vertraut mit der «Jewels»-Version auf meinem PC, bei der man Spezialsteine erzeugt, mit deren Hilfe man das halbe Spielfeld (und viele Punkte) abräumen kann. Aber heute hab ich gemerkt, wie lange ich es schon nicht mehr gespielt habe. Als ich nämlich eher unbewusst einen solchen Spezialstein erwischt habe und daraufhin unter großem Getöse, Blitz und Donner das halbe Spielfeld förmlich explodiert ist, habe ich reflexartig den Cursor vom Spielfeld gezogen, damit er nicht auch explodiert.

SHOPPENDE SCHAFE

Ich blättere die Kataloge durch. Mache eine Markierung, damit ich das, was mir gefällt, wiederfinde. Leg die Kataloge weg. Geh auf deren Internetseite, suche nach bestimmten Kriterien und bestelle.

Ich habe ein Medikament gekauft. Es gab 25 Gramm für 8 Euro oder 50 Gramm für 13 Euro.

Natürlich entschied ich mich für die größere Packung und berechnete, wie viel ich dabei gespart habe: Es waren rund 19 Prozent.

«Klar», dachte ich, «wenn ich nur eine Packung kaufe, zahle ich ja auch nur einmal Mehrwertsteuer.»

Als ich gestern nach dem Einkaufen meinen Einkaufswagen wieder zurückgeschoben habe, fiel mir auf, dass sich 1 Euro in seinem Schlitz befand. Ich freute mich total, dass jemand sein Geld vergessen hatte, bis mir auffiel, dass es sich um meinen eigenen Euro handelte.

Ich habe in den letzten Jahren die Pessach-Feiertage immer in Israel verbracht. Nun gehe ich wenige Tage vor dem Fest in den REWE um die Ecke, sehe, dass ein

Regal leer geräumt ist, und denke: «Nanu?» Und dann: «Ach, das ist schon für Pessach. Die haben den Chametz (Getreideprodukte, die während Pessach nicht gegessen werden) schon weggeräumt.»

Mein Sohn hat sich eine Lactoseintoleranz zugelegt. Heute beim Einkauf fällt mein Blick auf ein Schild: Lactose-Inspiration 69,90 Euro. – Als ich mich gerade aufregen will, was das denn sein soll, stelle ich fest: Wir stehen in der Drogerieabteilung, und auf dem Schild steht Lacoste-Inspiration. Na immerhin lactosefrei.

Ich war im Supermarkt auf der Suche nach Papiertüten für den Biomüll.

Ich fand welche mit der Aufschrift «bio» und dachte mir: «Ach nee, da schau ich noch weiter, bio muss das Papier nun wirklich nicht sein. Die gibt's sicher auch günstiger in normal.»

Meine Frau und ich benötigen vier Einlegeböden für unser neues Küchenregal. Diese gibt es in 2er- und 3er-Packs. Nach kurzer Diskussion legen wir ein 3er-Pack in den Einkaufswagen. Nein, doch zu wenig. Also legen wir ein 2er-Pack dazu. Haben wir halt einen Boden zu viel. Wieder diskutieren wir, ob nicht doch drei Böden ausreichen würden.

Nach langem Hin und Her kommt die Erkenntnis: Zwei 2er-Packs sind vier Böden.

Ich ging mit einer guten Freundin über unser Dorffest, wo es viele Stände mit allerlei Krimskrams gab. Wir hielten an einem Stand an, an dem es Fußballanhänger zu kaufen gab. Darauf stand jeweils der Name des Fußballclubs. Meine Freundin – BVB-Anhängerin – hielt mir triumphierend einen Anhänger hin, auf dem stand: «Borussia Dortmund 09». Ich darauf ganz entsetzt: «Aber da steht ja 09!» (Im Sinne von: Das ist ja Ware aus der letzten Kollektion.) Ich dachte, das 09 steht für das Herstellungsdatum, also 2009!

Eben beim Bäcker gewesen, um ein Brotlaib zu kaufen. Da höre ich mich zum Verkäufer sagen: «Ich hätte gerne ein Brot zum Mitnehmen.» Fragt mich der Verkäufer: «Nicht zum hier Essen?»

Vor einiger Zeit ärgerte ich mich im Schuhgeschäft, dass mir von einem Modell der linke Schuh in Größe 38 und der rechte Schuh in Größe 37 passte. Da schlug mein Vater vor: «Kauf doch beide Größen, dann hast du 2 Paar!»

Ich stand beim Bäcker und wollte unbedingt ein Schokocroissant für 1,30 Euro haben. Doch in meinem Geldbeutel waren nur 1,25 Euro. Also suchte ich verzweifelt nach fünf Cent, doch ich fand nichts. Notgedrungen nahm ich ein normales Croissant für 65 Cent. Als ich gedankenfern das Rückgeld entgegennahm und in den Geldbeutel steckte, ärgerte ich mich, dass mir das 5-Cent-Stück (das ich rausbekam) nicht früher aufgefallen war.

Mein Notebook braucht einen größeren Akku. Den alten, der noch intakt ist, biete ich bei eBay an. Jemand kauft ihn für 1 Euro.

Mein Toner im Drucker ist alle. Ich wechsle die Kartusche und lege die alte ins Regal zum Recycling.

Dann schicke ich dem Akku-Käufer die leere Kartusche.

Vor einiger Zeit hab ich über ausgefallene eBay-Aktionen nachgedacht. Unter anderem über Euro-Scheine, die besondere Zahlenfolgen haben. Für solche 500-Euro-Scheine werden ja schwindelerregend hohe Beträge geboten. Als Ergebnis meiner Überlegungen sagte ich zu meinem Partner: «Weißt du, am sichersten wäre es, wenn man nach der Auktion diese 500 Euro einfach überweist, dann kommt das Geld auf jeden Fall an.»

Habe gerade auf rewe.de für meine nächste Lieferung eingekauft und mich dabei erwischt, wie ich im Bereich «Speiseeis» schneller als sonst durch die Übersichtsseiten gescrollt habe, damit das Eis nicht schmilzt.

Im Supermarkt gab es zum halben Preis Hefekuchenteig. Ist der süß für Kuchen oder salzig für Pizza?

Ich hole ein bestelltes Buch in der Buchhandlung ab und möchte gleichzeitig eine neue Bestellung aufgeben. Und denke mir: «Kann ich das Buch mit der neuen Bestellung verrechnen? Das neue Buch ist sogar etwas teurer, dann bekomme ich 99 Cent zurück.»

An der Kasse: Ich schiebe Panik, ob ich meine PIN noch weiß, kriege dann aber einen Bon zur Unterschrift. Und schreibe meine PIN drauf.

Nach dem Essen im Restaurant. Die Rechnung: 25 Euro. Ich gebe 50 Euro und sage: «27». Die Kellnerin gibt mir 27 Euro.

Beim Italiener Pizza gegessen und Wein getrunken. Kosten: 13,50 Euro.

Ich schiebe gönnerhaft einen 10-Euro-Schein über die Theke und sage: «Stimmt so.»

Da ich dazu neige, meine EC-Karte im Kartenlesedings an der Kasse stecken zu lassen und den Laden ohne Karte zu verlassen, sage ich mir dieses Mal den gesamten Einkauf lang mein neues Mantra auf: «ichwerdemeinekartenicht vergessenichwerdemeinekartenichtvergessenichwerde meinekartenichtvergessen.» Als ich dann an der Kasse stehe, mit Karte zahle, die Karte (Mantra aufsagend) wieder in mein Portemonnaie stecke und mit erhobenem Haupt den Laden verlasse, höre ich die Rufe der Supermarktmitarbeiter, die mir meine Einkäufe hinterhertragen, die ich im Laden vergessen habe.

Ich gehe zum Bio-Supermarkt und frage die Verkäuferin, ob das da im Regal auch wirklich glückliche Eier sind.

Man muss ja heutzutage sparen. Deshalb habe ich überlegt, ob 500 Gramm ganze Mandeln genauso viel ist wie 500 Gramm gemahlene Mandeln!

Ich stehe in der Metzgerei meines Vertrauens, bin aber noch nicht dran. Angestrengt versuche ich mich zu erinnern, was alles auf meinen Einkaufszettel geschrieben steht, der – wieder einmal – daheim auf dem Esstisch liegt.

Da fragt mich die nette Verkäuferin: «Was darf es bei Ihnen sein, Frau M.?» Aus meinen Gedanken gerissen, frage ich: «Haben Sie auch Fleisch?»

Wie haben eigentlich früher, als es noch keine Scannerkassen gab, die Kassierer(innen) die Strichcodes von jedem Preisschild auf den Produkten eingegeben? Die müssen ja ganz schön was draufgehabt haben, wenn die die Strichcodes entziffern konnten.

Ach so. Unter dem Strichcode sind ja Zahlen zum Eingeben.

War mit meinem Mitbewohner fürs Abendessen einkaufen, es sollte Nudelsalat geben. Zu Hause angekommen, haben wir festgestellt, dass wir alles für Nudelsalat eingekauft hatten. Außer Nudeln.

Ich stehe beim Bäcker an, um mir einen Donut zu kaufen. Eine Verkäuferin mit türkischem Migrationshintergrund fragt, was ich wünsche. Ich: «Einen Döner, bitte.»

Ich stehe an der Wursttheke, um mir eine Semmel mit Kochsalami zu kaufen. Die Verkäuferin fragt mich freundlich: «Schaf oder Wild?» Ich bin irritiert und antworte: «Ja, äh, also nee, ganz normal, vom Schwein halt!»

Ich stelle fest, dass sie nun nicht minder irritiert ist. Bis es mir wie Schuppen von den Augen fällt: Die eigentliche Frage war: «Scharf oder mild?»

Muss zum MediaMarkt. Fahre mit dem Auto. Mir kommt kurz der Gedanke, danach noch zum McDonald's Drive-in zu fahren. Fahre also in der Tiefgarage an die Schranke, die auf Knopfdruck Parktickets ausgibt. Kann mich gerade noch zurückhalten, am Schrankenterminal den Sprechknopf zu drücken und loszuplaudern: «Bitte einmal ein Netzwerkkabel 5 Meter lang, einen USB-Stick 64 GB, eine 5-fach-Steckdosenleiste …»

Einkaufszentrum. Ich will eine Etage nach unten und gehe zur linken Rolltreppe. Ich möchte nur noch kurz höflich die Leute vorbeigehen lassen, die von der Rolltreppe hochkommend an mir vorbeigehen wollen.

Nach einigen Minuten Warten wundere ich mich dann doch endlich darüber, dass da immer noch Leute von der Rolltreppe kommen, die sich an mir vorbeidrücken.

Ich gehe mit meiner Freundin shoppen. Als sie einen Pulli anprobiert, entdecken wir einen Fadenknoten an der linken Schulter. Da er meiner Freundin nicht passt, versuche ich ihn und wundere mich, dass der Pulli nun einen ähnlichen Fehler an der rechten Schulter hat. Dann merke ich, dass ich mein Spiegelbild ansehe.

Nach einem langen Tag gehe ich einkaufen. Auf dem Parkplatz schiebe ich nach dem Einkauf den vollen Einkaufswagen in die Einkaufswagenschlange und ärgere mich darüber, dass ich jetzt nicht mehr an meine Einkäufe komme.

Legte ein Paket Biobutter in den Einkaufswagen und überlegte mir, womit Veganer ihre Steaks so braten.

Meine Mutter erzählte mir folgende wahre Begebenheit, welche sich 1957 im Tante-Emma-Laden meiner Oma zugetragen hatte. Eine Kundin kam herein und sagte: «Ich hätte gerne für 10 Pfennige Bonbons.» Meine Oma packte das Gewünschte ein. Die Kundin fragte daraufhin: «Was kostet es?»

Im Supermarkt. Ich deute auf das Gemüse und sage zu meiner Freundin: «Das ist doch völlig irre, was die mit der Gentechnik aus Zucchini machen.» – «Das sind Gurken.»

Ich fahre am neuen Einkaufsladen vorbei und sage zu meiner Schwester: «Haha, die haben den Laden SUPERmarkt genannt – wie bescheuert, als wäre da alles super Qualität!»

Nach längerer Abstinenz nutzen wir mal wieder unsere günstige Wohnlage in der deutsch/französischen Grenz- region, um dem «Supermarché» in der Nachbarstadt einen Besuch abzustatten. Nachdem der mit Wein, Käse, Paté und französischem Meterbrot beladene Einkaufs- wagen ordnungsgemäß bezahlt die Kasse passiert hat, bleibe ich kurz im Ausgangsbereich stehen, betrachte den entrichteten Betrag auf dem Kassenbon und über- lege: «Wie viel sind das jetzt eigentlich in Euro?»

Mein Freund guckt einen bekannten Teleshoppingsen- der. Ich halte nicht besonders viel davon und rege mich häufig darüber auf, was dort für ein Mist verkauft wird.

Als ich zum Fernseher schaue, sehe ich eine riesige Auslage Orangen. Dazu der Moderator, der gerade sagt: «… mit diesem Orangenreiniger …»

Und ich rege mich fürchterlich auf, dass ein sinnloses Produkt zum Reinigen von Orangen verkauft wird.

An der Fleischtheke verlangte ich letzte Woche: «Zwei Scheiben Gulasch, bitte!»

Neulich beim Wocheneinkauf mit meiner Mutter. Sie packt Gorgonzola ein und erzählt, dass sie diesen für eine Soße braucht.

Als ich die Einkäufe hinterher ins Auto einlade, stell ich ganz schockiert fest: «Ihh, hast du den Kassenbeleg mitgenommen? Der ist ja schon verschimmelt!»

Neulich beim Einkaufen.

Riesen-Werbeschild: «1 Kilogramm Möhren Schale xx Euro».

Ich dachte nur: «Bitte was? Was macht man denn mit Möhrenschalen?»

Nach dem wieder mal sehr erfolgreichen Besuch im Zeitschriftenladen signalisiert der Blick in meinen Geldbeutel: Die EC-Karte muss ran. Aber verflixt noch mal – die PIN ist spurlos aus meinem Gehirn verschwunden. Drei Fehlversuche später erkläre ich der Kassiererin siegessicher: «Macht nichts, dann geh ich kurz an den Geldautomaten und hol dort Bargeld.»

Beim Bezahlen mit der EC-Karte fällt mir die Nummer nicht ein. Ich frage die Kassiererin: «Erinnern Sie sich vielleicht noch?»

Im Einkaufszentrum kommen wir an einem Münzkopierer vorbei. Irritiert betrachtet mein Freund das Gerät und fragt mich dann verständnislos: «Warum sollte denn jemand Münzen kopieren wollen?»

Neulich beim Einkaufen kam mir ein genialer Gedanke: «Warum sind die 2,5-Kilo-Säcke mit Kartoffeln nicht voll mit kleinen Kartoffeln? Die wären beim Heimtragen leichter.»

Im Supermarkt piept die mit Biowerbung dekorierte Diebstahlschranke, ich denke: «Oh, DA hat jemand aber was Ungesundes gekauft.»

Stehe im Supermarkt und suche nach gelatinefreien Gummibärchen – für den Fall, dass in der Kommunionsgruppenstunde morgen muslimische Kinder dabei sind.

Meine Kinder (drei und fünf Jahre alt) lieben alle Süßigkeiten, die irgendwie weihnachtlich schmecken. Beim Einkaufen finde ich Rumkugeln, packe sie ein und denke: «Ich mag die Dinger ja gar nicht. Bin mal gespannt, ob die den beiden schmecken – dass wir das bisher nicht versucht haben? Schon komisch.»

Im Kiosk soll ich 2,20 Euro zahlen. Ich lege einen 20-Euro-Schein auf die Theke. Finde dann 20 Cent in der Hosentasche und sage: «Dann können Sie 18 Euro rausgeben.» Krame noch ein 2-Euro-Stück aus der Tasche und lege es dazu mit den Worten: «So ist es noch besser, jetzt können Sie mir 20 rausgeben.»

Ich wollte noch beim Supermarktbäcker einen Kaffee trinken und stellte den Einkaufswagen im Eingangsbereich ab – innen, wohlgemerkt. Dort steht jedoch ein Auto! Ich dachte: «Hier kann ich den Wagen nicht stehen lassen. Er ist im Weg, falls das Auto wegfahren möchte.»
      Nach einer Weile dämmerte es mir: Das Auto ist nicht regulär geparkt, sondern steht zu Werbezwecken da!

Nach einer Runde Hallenklettern (bei dem man sich immer über raue Griffe freut, weil man an ihnen einfach besser Halt findet) noch schnell in den Supermarkt. Bei der Auswahl der Litschis gedacht: «Oh, super, die sind schön rau, da hab ich gut Halt, da nehme ich gleich ein paar mehr mit.»

Wir waren auf Studienfahrt in Irland. Während eines Stopps gingen wir in ein Geschäft, in dem es die typisch irischen Strickpullis zu kaufen gab. Dort ließ sich eine Freundin von der Verkäuferin einen Pulli nach dem anderen geben. Als endlich einer passte und ganz nach ihrem Geschmack war, drückte sie diesen der Verkäuferin in die Hand, sagte auf Deutsch: «O.k., den nehme ich», und ging schnurstracks Richtung Kasse, die sich logischerweise am Ausgang befand.

Woraufhin die gute Frau den Pulli wortlos nahm und wieder einsortierte.

Ich stehe vor einer ganzen Reihe mit veganen Kochbüchern. Dazwischen eines mit vegetarischen Rezepten. «Hurra», freue ich mich, «eines mit Fleisch!»

Ich warte an der Supermarktkasse. Der Kunde hinter mir blickt auf mein wohlgefülltes Wägelchen: «Entschuldigung, ich möchte nur Zigaretten.» Ich: «Tut mir leid, ich habe keine, ich bin Nichtraucherin.»

Ich bin bei einem Shoppingzirkel, der abends um zehn die Aktionen für den nächsten Tag präsentiert. Es gibt verschiedene Kategorien und mehrere gleichzeitig startende Verkaufsaktionen. Neben Einrichtungsartikeln wird auch Mode angeboten. In der einen Aktion gab es die tollsten Schuhe, in der anderen wirklich nette Blusen. Bei den Schuhen hab ich zugeschlagen, meine Größe war da. Nur bei den Blusen gab es die 39 zum Verrecken nicht.

JOBBENDE SCHAFE

Habe gerade die Heftklammern nachgefüllt. Jetzt brauchte ich den Bürolocher. Kurz frage ich mich, ob noch genügend Löcher im Locher sind.

Meine Kollegin sitzt mir im Büro gegenüber. Sie ist an diesem Tag fast ausschließlich damit beschäftigt, Briefe zu verfassen. Sie greift zum Hörer, wählt die Nummer eines Kunden und erreicht leider nur die Mailbox. Sie beginnt die Mailbox zu besprechen mit: «Sehr geehrter Herr …»

Ich suchte kürzlich Daten von Geschäftspartnern in einer Excel-Tabelle. Der erste wohnte anscheinend in «76543 Herr». Kurz darauf dachte ich: «Ach, das ist ja ein Zufall, X und Y wohnen auch in Herr.» Die unterschiedlichen Postleitzahlen fielen mir dabei nicht auf. Stutzig wurde ich erst, als der erste Geschäftspartner in «Frau» wohnte.

Habe in der Mittagspause seitenweise Sekundenschafe gelesen. Anschließend lese ich nahtlos eine dienstliche Mail und denke: «Hä, wo ist denn da jetzt der Witz?»

Ich arbeite im Einzelhandel. Das Telefon klingelt, ich drücke die grüne Taste zum Abheben und melde mich mit meinem üblichen Satz. Es klingelt weiter. Das ganze also noch mal. Erst nach dem dritten Versuch wird mir klar, dass ich versucht habe, mit dem schnurlosen EC-Gerät zu telefonieren.

Ein Gast möchte telefonisch ein Zimmer reservieren. So weit ja kein Problem, Datum, Leistungen etc. sind schnell geklärt. Nun benötige ich noch die Adresse. Ich halte den Stift bereit und schreibe schnell mit: Konrad Antonludwigottobertaemil … … O.k., Mooooooooment.

Ich bitte den Azubi, mal die Gruppeneinteilung durch-zusehen, die ich erstellt habe, um sicherzugehen, dass sich keine Fehler eingeschlichen haben und nicht nur ich selbst verstehe, wie es gemeint ist. Deshalb übergebe ich das Dokument mit den Worten: «Kannst du das mal durchlesen? Wenn du es verstehst, dann bin ich sicher, dass es auch wirklich jeder Depp versteht.»

In der Buchhandlung, in der ich arbeite, kommt eine E-Mail von einer Kollegin an. Sie hat den gleichen Nachnamen wie eine frühere Kollegin, nur der Vorname ist anders. Vielleicht ist sie es ja trotzdem, denke ich. Wenn sie geheiratet hat, könnte sie ja ihren Namen geändert haben.

Sie: «Wie heißt noch mal der Abteilungsleiter mit R?»
    Er: «Lemke.»
    Sie: «Danke!»

Ich liege unter dem Schreibtisch, um einen PC zu vernetzen, und bin sehr konzentriert. Da sagt meine Kollegin: «Du, ich habe ein Problem! Mein Bildschirm ist plötzlich grün!» Ich: «Welche Farbe?»

Ich startete meine berufliche Karriere anno 1995 in einer Werbeagentur. Bevor ich das erste Fax meines Lebens verschickte (E-Mails hatten sich damals noch nicht durchgesetzt), habe ich die Seite sicherheitshalber kopiert.

In dem Wohnheim, in dem ich arbeite, gibt es zwei Küchen. In der einen waren gerade die Eier ausgegangen. Also bin ich zur anderen und habe mir dort vier Eier geborgt. Als ich die Küche betrete, denke ich: «Du darfst später nicht vergessen, die Schalen zurückzubringen. Wegen des Pfands.»

Räume auf Arbeit Schweine- (500 Gramm) und Rinder-
gehacktes (250 Gramm) ein und stelle fest, dass ein halbes Pfund Rinderhack viel leichter ist als ein halbes Kilo
Schweinehack.

Ich arbeite in einer Spedition. Wir haben dort ein Programm, mit dem wir unsere Lkw orten können und dann
auf einer Karte angezeigt bekommen, wo sie gerade sind.
Letztens rief einer unserer Fahrer an und sagte, dass er
im Schnee feststecke und nicht weiterfahren könne. Ich
ortete ihn also und dachte mir beim Blick auf die Karte:
«Hä, was will er denn? Da ist doch alles grün, gar kein
Schnee.»

Ich bin Rechtsanwaltsfachangestellte. Manchmal müssen
wir unsere Kostennoten zwischen Mandant und Gegner
aufteilen nach der Quote des Obsiegens zum Verlieren,
wenn ein Vergleich geschlossen wurde. Gestern sollte ich
eine Kostennote 50/50 quoteln – und rechnete also brav
den Endbetrag geteilt durch 100 mal 50. Simples Durch-2-
Teilen hätte es vielleicht auch getan.

Ich bin Lehrerin. Um die vollgeschriebene Tafel abzuwi-
schen, greife ich zum Radiergummi.

Im Büro war ein Fax angekommen, das nicht für unsere
Abteilung gedacht war, ein Irrläufer. Nachdem der Kollege den Absender telefonisch erreicht und die Sache geklärt hatte, schloss er mit den Worten: «Kein Problem.
Ich faxe Ihnen die Dokumente einfach zurück.»

Diese Woche im Büro. Wir hatten Stromausfall. PC, Fax, Telefon – nichts ging mehr. Ich sagte zu meiner Kollegin: «Ich bring mal die Unterlagen zum Auto.» Kurz vor dem Wagen dachte ich mir: «So ein Mist, wir haben ja Stromausfall. Da geht sicher die Zentralverriegelung nicht auf.»

Damals, es ist lange her, machte ich eine Ausbildung und sollte ein Fax versenden. Zuvor hatte ich noch nie etwas von einem «Fax» gehört.

Ich tat, wie mir erklärt wurde: den Zettel einlegen, die Nummer wählen, und ab ging es. Nur kam der Zettel wieder. Ich sagte, ich müsse es noch einmal machen, weil das Fax nicht «durchgegangen» sei.

Ich kann am Morgen meine Mails im Büro nicht mehr abrufen. «Kein Zugriff.»

Ich rufe die IT-Abteilung an, welche mir mitteilt, dass sie das Passwort zurückgesetzt haben. Aber das hätten sie mir ja per Mail mitgeteilt. Auch das neue Passwort stünde darin.

Im Büro auf die Toilette gegangen, Tampon gewechselt, Tampon in eine dieser Hygiene-Papiertüten gewickelt, Tüte sorgfältig zusammengefaltet, aus Toilette rausgegangen und die Tüte in den Postausgang gelegt.

Ich stehe im Büro meines Kollegen, und wir reden miteinander. Da es heiß ist, sind die Fenster offen, und Straßenlärm erfüllt den Raum, was mich ein bisschen nervt. Während mein Kollege und ich miteinander reden, schließt er die Tür eines Schrankes, und ich wundere mich, warum es nicht leiser wird.

Anruf im neuen Job, das Telefon klingelt, ich melde mich mit meinem Namen. Anrufer: «Oh, guten Tag, ist dort nicht Frau XY?» Ich: «Nein, aber ich bin ihre Nachfolgerin, wie kann ich Ihnen helfen?» Anrufer: «Nachfolgerin ... im Sinne von neuer Ehefrau?»

Als ich Feierabend mache, frage ich meinen Bürokollegen, ob ich das Fenster noch offen stehen lassen soll. Er: «Ja.» Ich stehe auf, schließe wie gewohnt das Fenster und gehe.

Ich habe neulich einen Kollegen aus einem anderen Gebäude, in dem ich mich nicht gut auskenne, abgeholt. Er wollte noch auf die Toilette, und ich bin so lange durch den etwas verwinkelten Flur gestromert, um zu sehen, wer da noch alles sein Büro hat. Dabei habe ich mir den Rückweg nicht gemerkt und muss wohl etwas verwirrt ausgesehen haben, da mich eine Kollegin fragte, ob sie mir helfen könne. Ich: «Ja, wo ist denn die Herrentoilette?» Sie sah mich verständnislos an, schließlich bin ich ganz offensichtlich eine Frau. Und so fühlte ich mich genötigt zu erklären: «Mein Kollege wartet dort auf mich.»

Wichtige Unterlagen müssen kopiert werden: Sollten diese beim Kopieren beschädigt werden, mache ich am besten zunächst eine Sicherheitskopie.

Ende der Neunziger. Zwei Büros, eins in Berlin, eins in NRW. NRW-Büro meldet telefonisch: «Wir haben hier gar kein Papier mehr.» Ich, superschlau: «Wartet, ich fax euch einfach ein paar leere Seiten.»

Morgens halb acht im Büro. Während der PC startet und hochfährt, scanne ich am Drucker ein Dokument, das dadurch automatisch an meine E-Mail-Adresse gesendet wird. Denke: «Mist. Zu früh gescannt. Der Rechner ist noch gar nicht hochgefahren. Da kommt die E-Mail ja noch gar nicht an.»

Ich esse auf der Arbeit gerne mal eine Handvoll Erdnussflips als Zwischensnack. Wenn gerade keine freien Schüsseln mehr im Büro verfügbar sind, esse ich sie halt kurzerhand aus einer Kaffeetasse, die ich dann neben meine Tasse Kaffee auf den Bürotisch stelle. Wie oft ich deshalb schon meine Finger in heißen Kaffee gedippt habe, kann man sich jetzt lebhaft ausmalen.

Mein Schreibtischstuhl an der Arbeit hat auf der Rückseite der Rückenlehne einen Haken. An diesen Haken habe ich meine Tasche gehängt. Als ich etwas herausholen möchte, komme ich mit dem Arm nicht direkt daran. Also fange ich an, mich mit dem Stuhl Richtung Tasche zu drehen. Hat eine ganze Weile gedauert, bis ich bemerkt habe, dass ich mich im Kreis drehe wie eine Katze, die ihren eigenen Schwanz jagt.

Während meiner Zeit als Arztsekretärin bat mich eine Kollegin einmal: «Können Sie bitte kurz rausgehen?»

Ich stehe also auf und gehe Richtung Tür, da sagt sie ganz entgeistert: «Ich meinte doch, können Sie am Computer mal kurz aus den Patientendaten von Herrn X rausgehen?»

Ich besuche eine Freundin, die Kommissarin ist, auf der Polizei-Dienststelle. Kommt ein Kollege ins Büro, der gerade einen Suizid aufgenommen hat. Meine Freundin fragt: «Wie hat er sich denn umgebracht?» Er antwortet: «Mit Insektengift.» Ich denke: «Wie hat er denn das ganze Gift aus den Insekten rausbekommen?»

SCHAFE UND DIE GROSSE WEITE WELT

REISENDE SCHAFE

Ich reg mich über Anglizismen auf. Smoothie – das war doch mal ein Shake!

Im Urlaubshotel arbeitet eine Servicekraft, die mich an irgendjemanden erinnert, den ich mal kannte. Auch an Tag 3 wurmt es mich, nicht zu erinnern, wem diese Servicekraft so ähnlich sieht. Irgendwann versuche ich unauffällig, das Namensschild zu lesen, um den entscheidenden Tipp zu erhalten.

Ich reise gerade durch Indien. Inzwischen bin ich im tropisch-heißen Süden, in Kerala angekommen, wo es tagsüber an die 38 Grad hat und nachts gerade nie kälter als 32 Grad wird. Ich trage an den Füßen nur ein paar luftige Lederschläppchen, die ich mir einige Tage zuvor in Indien gekauft habe. Während ich mit meinem Freund plaudere, wandert meine Hand in den Schlappen und ergreift meinen nackten Fuß, der sehr warm ist. Anerkennend denke ich bei mir: «Och, die halten aber schön warm, die neuen Schlappen.»

Als Hausaufgabe in Erdkunde sollten wir in einem Aufsatz den Öltransport nach Übersee beschreiben. Da ich keine Ahnung hatte, wo das liegt, und ich nach langem Suchen im Atlas auf den Ort Übersee am Chiemsee stieß, bekam meine Lehrerin einen einseitigen Aufsatz über Pipelines im Chiemgau. Dass es die eigentlich kaum gibt, hat mich nicht weiter irritiert, sie wird bestimmt einen Grund gehabt haben, uns die Aufgabe so zu stellen.

Ich suche eine neue Stelle und überfliege deshalb den Newsletter einer Job-Datenbank, den ich geschickt bekommen habe – ganz viele neue Stellen bundesweit. Ich scrolle runter, und mir fällt auf, dass unter sehr vielen Stellen «Merken» steht. «Komisch», denke ich, «wo liegt denn Merken eigentlich, sicher eher ländlich, oder? Und warum sind dort so viele Stellen ausgeschrieben – wurde dort ein neues Institut gegründet?»

Ich hatte im Fernsehen gehört, dass nun ein Linienschiff auf der Donau von Wien nach Bratislava fährt, und erzählte es einer Freundin. Da sagte sie erstaunt: «Ja, hält denn die Donau in Bratislava?»

Ich stehe schon eine ganze Weile im Gang des Flugzeugs und warte darauf, aussteigen zu können, da überlege ich, ob ich auch nichts liegen gelassen habe. Plötzlich denke ich: «Mist, habe ich mich überhaupt abgeschnallt? Das wäre ja peinlich, wenn ich angeschnallt herumlaufen würde.»

Vor vielen Jahren war ich mit meiner Freundesclique im Urlaub in einem Feriendorf in Dänemark. Mit einem Freund stand ich an einer Imbissbude. Als es ans Bezahlen ging, wollte ich die Gelegenheit nutzen, um noch einen Kronen-Schein in Münzen zu wechseln. Ich gab der Imbissfrau also den Geldschein rüber und hörte mich mit dürrem Schulenglisch sagen: «Please, can you change this into Denmarks.»

Ich verbringe ein Wochenende an der Ostsee, sitze an der Promenade auf einer Bank und schaue auf die Ostsee, den Strand sowie die Strandkörbe. Denke: «Was ist noch mal der Unterschied zwischen einem Ostsee- und einem Nordsee-Strandkorb? Gleich mal mit dem Smartphone nach Nordsee-Strandkörben googeln.» Gesagt, getan, Nordsee-Strandkorb angesehen. «So, und wie sahen jetzt gleich noch mal Ostsee-Strandkörbe aus? Gleich mal mit dem Smartphone googeln.»

Ich stöbere auf der Website eines Online-Buchhändlers und stoße auf «Eine Billion Dollar» von Andreas Eschbach, einem Autor, den ich sehr gerne lese. Angesichts des Titels überlege ich, ob ich vielleicht gleich die englische Originalversion kaufen soll.

Eine Bekannte stellt Urlaubsfotos bei Facebook ein. Sie ist in Puerto / Teneriffa.

Ich denke mir: «Diese Spanier sind aber auch einfallslos – so viele Orte namens Puerto, wie die überall auf der Welt haben.»

Ich suche den Weg zu meiner neuen Arbeit, auf der Karte liegt das Gebäude genau zwischen zwei horizontal verlaufenden Straßen.

Die Karte vor mich haltend, entscheide ich mich für die nördlichere der beiden Straßen, damit ich dann bequem «runter» zu meinem Ziel laufen kann.

Eine Klassenkameradin fragte mal in einem Kaufhaus, vor einem Lageplan stehend, woher das Schild eigentlich weiß, wo wir sind.

Ich stehe wartend an Gleis 17 eines großen Bahnhofs. Eine Bahn fährt zwei Gleise weiter vorne ein. Ich denke: «Warum? Ich stehe doch hier?!»

Ich bin 6000 Kilometer von zu Hause entfernt. Weit weg von meinem Auto. Draußen regnet es in Strömen. Ich

überlege: «Hast du auch alle Fenster am Auto geschlossen?»

Laufe durch ein Stadtviertel, in dem ich mich nicht auskenne, weiß aber die ungefähre Richtung, in die ich muss.
Komme an das Ende einer Einbahnstraße mit einem Ein-
fahrt-verboten-Schild und denke: «Mist, da darf ich jetzt
nicht einbiegen und muss außen rum laufen.»

Beim Bahnfahren für einen kurzen Moment gewundert,
was das für ein merkwürdiger Zufall ist, dass alle Schran-
ken unten sind.

Im Urlaub in Südtirol: Wir schauen einer Gruppe Schuh-
plattlern zu, die sich beherzt auf Waden und Oberschenkel schlagen. Die Oberschenkel sind alle rot, und ich
sage zu meinem Mann: «Schau mal, die haben alle an der
gleichen Stelle Sonnenbrand.»

Ich steige abends in ein Flugzeug und nicke kurz nach dem
Start ein. Als ich mitten im Flug wieder aufwache, gucke
ich aus dem Fenster und sehe gar nichts, alles schwarz. Ich
denke mir: «Ach, wir sind wohl grad im Tunnel.»

Ich war mit meinen Eltern in Frankreich essen und hatte meine Französischstunden im Schuljahr mehr oder
weniger erfolgreich hinter mich gebracht. Ich musste
dringend aufs Klo, also ging ich zum Mann hinter der
Bar und rief: «Nous avons une toilette.» (Wir haben eine

Toilette.) Der Barkeeper und die umsitzenden Menschen begannen, mich verhalten auszulachen, also wagte ich mit hochrotem Kopf einen zweiten Versuch: «Non, je suis une toilette.» (Nein, ich bin eine Toilette.)

Ein Freund kam am Münchner Flughafen an und rief uns dann an: «Ich finde mein Gepäck nicht! Da gibt es Gepäckbänder für alle möglichen Städte, aber keines für München!»

Wir landen in Frankfurt auf der Nordlandebahn und müssen eine Ewigkeit rollen, bis wir das Terminal erreichen. Ich denke: «Vielleicht muss ich dann ja nicht mehr so lange auf das Gepäck warten, genug Zeit haben sie ja.»

Ich sitze alleine in einer Vierer-Sitzgruppe in der Bahn, als sich mir plötzlich jemand gegenübersetzt. Da ich im Zug lieber allein sitze, schaue ich mich um und sehe schräg gegenüber im Vierer nur eine Person sitzen, also eine weniger als in meinem Vierer. Daher stehe ich auf und gehe rüber!

Ich bin mit meiner Freundin im Auto durch Bayern gefahren. Vor uns fuhr ein Auto mit dem Landesaufkleber «CH». Darauf meinte meine Freundin: «Wow, der ist den ganzen Weg von China hierher gefahren.»

Am Frankfurter Flughafen hatte ich ewig nach einem Parkplatz in der Tiefgarage gesucht. Nach dem ganzen

Hin und Her mussten wir uns sputen, um noch zum Check-in zu kommen. Natürlich hatte ich mir weder die Platznummer noch das Parkdeck gemerkt. Auf dem Rückweg fing das Suchen an. Eine Stunde war ich quer durch alle Decks gelatscht, bis ich beschloss, die Jungs von der Überwachung zu fragen, ob ich mal einen Blick in die Kameraaufzeichnung werfen könnte. Der Security-Mann vor den Bildschirmen lächelte weise, nahm mein Parkticket, drehte es um und hielt es mir vor die Nase. Parkdeck und Reihe standen mit drauf.

Ich mache mit meiner Freundin eine Sightseeingtour durch Lübeck und will ihr auch den Herrentunnel zeigen. Auf dem Weg dorthin sage ich: «Jetzt kommen wir gleich am Tunnel vorbei!», woraufhin sie fragt: «Ist der Tunnel links oder rechts von uns?»

Wir unterhielten uns über Urlaub und kamen auf Cluburlaub zu sprechen. Das habe ich selber noch nicht gemacht, was ich aber nicht zugeben wollte.
Ich also: «Es gibt ganz bekannte, die für die ganze Familie inserieren, wo man Verschiedenes ausprobieren und sich anregen kann. Wie der Swingerclub!»

Meine Mutter im Urlaub: Ihr Handy spinnt, sie geht in den Supermarkt, um eine neue Karte zu kaufen, Kassiererin fragt: «Welchen Anbieter haben Sie denn?» Das weiß meine Mutter nicht, sie kauft dann Telekom. Draußen sagt sie zu ihrer Freundin: «Komisch, so was fragen die im Vodafone Shop nie.»

Ich schmiere mir im Urlaub morgens das Gesicht mit Sonnencreme Lichtschutzfaktor 50 ein. Im Laufe des Tages schmiere ich mir noch einmal Sonnencreme mit LSF 30 ins Gesicht und denke kurz: «Wow, jetzt habe ich LSF 80, da kriege ich sicherlich keinen Sonnenbrand.»

Mein Schwager war mit Freunden auf Motorrädern in Frankreich unterwegs. Auf der Rückreise nahmen sie die Autobahn, da das Wetter schlecht war und sie unter Zeitdruck standen. Nach langer Fahrt dachte mein Schwager: «Sortie muss eine große Stadt sein, so viele Autobahnausfahrten, wie diese Stadt hat.»

Auf der Fähre Wischhafen–Glückstadt fragen: «Wo kommen wir drüben an?»

Neulich beim Sightseeing in Paris: Wir haben uns die ganze Stadt angesehen, eine Tour mit dem Bus unternommen und sind mit einen Boot die Seine runtergeschippert. Am dritten Tag sind wir nach dreistündigem Anstehen endlich ganz oben auf dem Eiffelturm. Nachdem ich eine komplette Runde gedreht habe und zu allen Seiten runtergeschaut habe, sage ich zu meinem Mann: «Komisch, ich kann den Eiffelturm gar nicht sehen, dabei ist er doch über 300 Meter hoch!»

Während einer Kreuzfahrt zwischen den Kanaren. Da ich geographisch nicht allzu bewandert bin und wir in meinen Augen ausschließlich in Spanien Urlaub machten, war es mir überhaupt nicht bewusst, dass wir während eines Tagesausflugs auf Madeira portugiesisches Land betraten. Und als wäre das noch nicht genug, kommentierte ich die vielen Autos mit PO im Kennzeichen mit: «Hier machen aber viele Polen Urlaub!»

Ich sitze im Flugzeug auf dem Weg nach Fuerteventura. Als ich die anderen Passagiere gelangweilt beobachte, sehe ich, wie ein Mann einen Reiseführer für Fuerteventura liest. Da denke ich mir: «Oh, der fliegt anscheinend auch nach Fuerteventura.»

Ich unterhalte mich mit einer Kollegin über ihren bevorstehenden Urlaub. Nach Kreta soll es gehen. Und was sage ich darauf?
«Oh wie schön – ich war noch nie in Spanien!»

Setze mich müde in den Zug, der mich nach Hause fahren soll. Der Zug steht noch eine Weile. Ich döse ein. Plötzlich ein Ruck, ich wache auf, der Zug setzt sich in Bewegung. Mir fällt auf, dass ich entgegen der Fahrtrichtung sitze. Geschockt springe ich auf und setze mich in Fahrtrichtung hin, sonst bringt mich der Zug ja in die Gegenrichtung anstatt nach Hause.

Durch Hamburg laufen, versonnen die ganzen Autos mit dem Kennzeichen «HH» betrachten und denken: «Hier gibt es aber viele Mietwagen.»

Bin in München, gucke auf einen U-Bahn-Plan und denke: «Münchner Freiheit, krass, die haben einen Platz nach dieser Band benannt.»

Wir sitzen im Flieger direkt hinter dem Cockpit. Nach dem Start kommt ein vielleicht 40-jähriger Mann durch die Reihen und verteilt Erdnüsse. Mein Kommentar: «Ach, das ist aber nett, der Captain verteilt hier selber die Nüsschen!»

Gestern. Es fängt mächtig an zu regnen. Ich sitze auf dem Sofa, gucke raus und frage meinen Mann: «Sind wir drinnen?»

Mein Onkel fährt mit seiner Frau und seinem Sohn in den Campingurlaub nach Italien. Da der Boden auf dem Zeltplatz sehr steinig ist, befestigen sie eine Seite des Zeltes am Boden, die andere Seite am Pkw. Lieb, wie mein Onkel ist, steht er am nächsten Morgen ganz leise auf, setzt sich ins Auto und fährt Brötchen holen.

Im Zug, wenige Minuten bevor ich in Frankfurt am Main umsteigen muss. Beim Blick aus dem Fenster sehe ich, dass wir gerade einen großen Fluss überqueren. Für ungefähr zwei Sekunden frage ich mich, an welchem Fluss Frankfurt am Main eigentlich liegt.

Fahren gerade mit dem Auto nach Frankreich. Sind jetzt kurz vor der holländischen Grenze, und ich habe mich

gefragt, ob das Navi nach der Grenzüberfahrt immer
noch Deutsch mit uns reden wird.

Während meines Urlaubs in Italien bekomme ich ein
Foto von einem Freund aus Berlin geschickt: «Guck mal,
wie schön der Vollmond heut aussieht.»
Ich guck kurz zum Himmel und denke: «Ist ja lustig,
hier ist heute auch Vollmond.»

Eines Abends saß ich mit meinem Mann zusammen, und
wir stöberten im Internet nach Urlaubsreisen.
Bei einem sehr ansprechenden Angebot klickte ich
mich durch die Informationen, um mir die Abflugzeiten
anzusehen.
Auswahlmöglichkeiten:
06:45 Uhr
23:45 Uhr
Das schien mir sehr unrealistisch. Von Deutschland
nach Spanien in 6 oder gar 23 Stunden? Fliegen die einmal um die Erde?

Ich mache mit meiner Großmutter (84) eine Ostsee-
Kreuzfahrt. Als das Schiff das erste angesteuerte Ziel der
Route, Tallinn, wieder verlassen will, frage ich sie, ob wir
an Deck gehen und zusehen wollen, wie das Schiff ab-
legt. Es wird immer eine schöne Musik eingespielt, ein
paar Menschen winken am Hafen. Einfach eine schöne
Atmosphäre. Gesagt, getan. Als das Schiff abgelegt hat,
frage ich meine Oma: «Und? Wie fandest du es?» Sie
daraufhin: «Ich hab kein Schiff gesehen!»

Ich war mit Freunden im Urlaub. Am letzten Abend saßen wir am Strand, als ich völlig entsetzt aufsprang und rief: «Ich habe total vergessen, euch eine Karte zu schicken!»

Wir rennen zu unserem Zug. Während wir uns so abhetzen und näher kommen, ruft eine Frau laut dem Zugfahrer zu: «Da kommen noch zwei.»
Ich dreh mich um und frage: «Wo?»

Endlich die Reise gebucht. Riesenschreck, als ich die Bestätigungsmail überfliege und das Anreisedatum sehe: «Wie konnte ich da nur einen Termin machen, da bin ich doch im Urlaub!»

Ein Freund aus Bolivien kommt demnächst zurück nach Deutschland und erzählt mir am Telefon, dass er u. a. auch seinen neu gekauften Superfernseher per Spedition aufgeben will, weil das immer noch billiger sei, als einen neuen zu kaufen. Ich frage, ob er den hier denn auch benutzen kann, weil der doch sicher nur die ganzen südamerikanischen Programme empfängt.

1998 habe ich bei einem der spektakulärsten Mountainbikerennen der Welt mitgemacht, dem Megavalanche im französischen Alpe d'Huez. Ich hatte mit dem *stern* eine Story darüber vereinbart. Laptops, Smartphones usw. gab's noch nicht. Also fragte ich die Chefin vom Tourismusverein, ob ich am späten Nachmittag nach dem Ren-

nen deren Computer nutzen könne, da ich dem *stern* bis
zum Redaktionsschluss abends den Bericht mailen sollte.
«Kein Problem», sagte sie. «Komm vorbei.»

Ich schrieb die Story auf Papier vor und ging Richtung
Tourismusbüro, um sie in deren PC zu tippen, als mir
siedend heiß einfiel: «Ach, Mensch – ich kann ja gar kein
Französisch.»

Im Ferienhaus in Dänemark gab es im Wohnzimmer
einen Kamin, den wir für unseren Spieleabend auch in
Betrieb nahmen. Auf dem Kaminsims stand ein Schild,
offenbar mit einer Warnung drauf, nur leider auf Dä-
nisch. Nach dem Spielen kamen alle Schachteln auf den
Sims neben das Schild, und als das Feuer niedergebrannt
war, ging es ins Bett. Als wir am nächsten Tag geschmol-
zene Spielfiguren in den Kartons vorfanden, wurde klar,
was das Schild sagt: «Hier bitte keine hitzeempfindlichen
Sachen abstellen».

Ich habe am Flughafen in Warschau eingecheckt und
statt meines Personalausweises den Mitarbeiterausweis
meiner Firma zum Flugticket gelegt. Der Mann hinter
dem Schalter hat nur kurz gestutzt, den Ausweis gedreht
und gewendet und mich dann eingecheckt.

Verzückt stehe ich in einem kroatischen Nationalpark
und betrachte einen wunderschönen Wasserfall. Ich pla-
ne, am späten Abend noch einmal wiederzukommen, da
die Szenerie im Mondschein besonders schön sein muss.

Fast im gleichen Moment bremse ich mich selbst mit dem Gedanken: «Lohnt sich doch gar nicht, nachts wird das Wasser doch bestimmt abgestellt!»

Als ich einmal in die USA flog, habe ich mich bei der Ankunft tatsächlich gewundert, dass die Schilder am Flughafen alle nur auf Englisch sind anstatt auf Deutsch und Englisch wie auf dem Frankfurter Flughafen, von dem ich abgeflogen war.

Ich brüte mit meiner Tischnachbarin im Erdkundeunterricht über dem Atlas, aufgeschlagen ist eine Übersichtskarte von Russland. Da kommt von rechts die Frage: «Britta, wo liegt denn Transsibirien?»

Bei der Einreise in die USA musste ich, wie jeder, ein Formular ausfüllen.
Bei der Rubrik «Sex» stutzte ich kurz und dachte: «Schon, aber das geht die doch nichts an.»

Wir wollten über Silvester nach Istanbul fliegen, um dort eine Woche Urlaub zu machen. Also verstaute ich auch mehrere Raketen im Gepäck.
Glücklicherweise wies mich mein Freund noch rechtzeitig darauf hin, dass es bei den Kontrollen am Flughafen Ärger damit geben könnte.

Neulich in der Paketannahme brachte mir ein Kunde ein Paket mit der Aufschrift: *Islands of Canaria*.

Ich wusste nicht, in welches Land das Paket sollte. Seit wann liegt Gran Canaria in Island?

Fahre mit dem Auto durch Niederbayern. Wechsle den Radiosender und denke: «Cool, die haben hier Herr-der-Ringe-Radio und sprechen wie die Orks. Aber wer hört so was?» Bis mir auffiel, dass es sich einfach um einen tschechischen Sender handelte.

Besuch mit meiner Mutter in Venedig. Wir suchen ein Lokal zum Abendessen, tipico italiano natürlich. Mehrere Restaurants in einer Straße, wir checken die Speisekarten, Pasta, Fisch, Antipasti, alles, was das Herz begehrt. Die Qual der Wahl, irgendwann meine Mutter hilflos: «Ja, keine Ahnung, ist das denn jetzt ein Italiener?»

Irgendwann vor zwanzig Jahren war ich auf Korfu im Urlaub. Ich habe mich tagelang gefreut, dass die dort ihre Bar nach dem Fluss meiner Heimatstadt Würzburg «mainbar» genannt haben.

Während meiner Südostasien-Reise war ich es gewohnt, in kleinen lokalen Bussen, die an jeder noch so kleinen Ecke hielten, um noch mehr Leute in den Bus zu laden, durchs Land zu fahren. Auf dem Rückflug von Saigon nach Katar saß ein etwas schmuddeliger Typ neben mir. Den ganzen Flug habe ich gedacht: «Gott sei Dank hält das Flugzeug gleich an und lässt ihn raus.»

Mein damaliger Freund und ich waren auf der Autobahn in Holland unterwegs, ich gemütlich auf dem Beifahrersitz. Links und rechts Felder und darauf Windräder, manche mit drei und manche mit vier Flügeln. Ich stellte interessiert fest: «Guck mal, bei einigen ist schon einer abgebrochen.»

Ich träumte, ich wäre in Australien im Urlaub. Irgendwie war mir aber auch im Traum bewusst, dass ich ja am nächsten Tag zur Arbeit musste. Als der Wecker klingelte, griff ich erst mal zum Handy, um zu prüfen, ob der Zug von Sydney nach Stuttgart auch pünktlich fuhr. Bei der Eingabe «von Sydney nach ...» ist es mir dann aufgefallen.

Ich stand eben an einem Andenkenstand und fragte mich, ob die Sachen wirklich von hier sind oder aus Fernost kommen.
Ich bin gerade in Kambodscha!

Am Flughafen von Tel Aviv angekommen, denke ich: «Wenn Hebräisch rückwärts geschrieben wird, dann wird es ja wohl auch rückwärts gesprochen?»

SCHAFE UND SCHPRACHE

Als ich eben das Wort «catholic» las, dachte ich mir nur: «Wow, verrückt, dass es echt Menschen gibt, die süchtig nach Katzen sind.»

Ich lese den Titel eines YouTube-Videos. Es geht um Gefrierkonservierung von Samenzellen für Trans Frauen. Also darum, dass sie, solange sie noch einen Penis und Hoden haben, ihre Samen einfrieren lassen. «Super Idee», denke ich. «Dann kann eine Frau hinterher ja mit sich selbst … ach nein.»

Ich dachte beim Lesen des Sekundenschafs über Trans Frauen: «Wer ist Tran? Ein asiatischer YouTuber?»

Lese die Überschrift «Eine Schule in Niedersachsen verschiebt wegen Nazi-Umzugs den Einschulungstermin» und überlege, was der Einschulungstermin mit dem Wohnungswechsel eines einzelnen Nazis zu tun hat.

Musste am Wochenende wegen starker Ohrenschmerzen zum Notdienst. Vor mir saß ein alkoholisierter Allgemeinmediziner mit griechischem Nachnamen. Die

Kombination aus meinem schlechten Gehör, seinem griechischen Akzent und den gelallten Worten machten das Gespräch sehr anstrengend. Endlich war die Untersuchung beendet und das Rezept ausgestellt, als er mich unvermittelt fragte, ob ich denn vorher rumgefummelt hätte?! Und ich dachte: «Seit wann bekommt man vom Rumfummeln eine Mittelohrentzündung? Und wieso sagt mir das keiner?» An meinem Blick muss er wohl schnell erkannt haben, dass ich gedanklich völlig auf dem falschen Dampfer war, und fügte vorsichtig hinzu: «Rumgefummelt ... in die Ohre ... mit die Ohrestäbche?!»

Ich habe ein Rezeptbuch gekauft, das Tee als Kochzutat verwendet, und erzähle meinem Bruder von diesem «Kochen mit Tee». Er: «Tochen? Was ist das denn?»

Meine Freundin sagt recht spät am Abend: «Ich glaube, ich esse noch ein Messi(e).» Und ich frage mich, ob sie den Fußballer meint oder einen unordentlichen Menschen. Ach so: Merci.

Ich bin auf Jobsuche und scrolle die Liste durch. Verkäufer, Spengler, Friseur, Kosmetiker, Gärtner, Grießbreitechniker, ... Moment; Grießbrei-Techniker? Ist ja interessant. Was die da wohl machen? Bestimmt Qualitätskontrollen. Ach so, nein, Gießerei-Techniker.

Bin mit *BRAVO* aufgewachsen und war gerade bei meinen Großeltern. Ich las das Dr. Sommer-Team. In der Geschichte ging es um ein Mädchen, das gerade duschte, als ihr Bruder ins Bad kam. Ich stolperte über den Satz «Ich sah, dass er einen Streifen hatte» und konnte absolut nicht nachvollziehen, was damit gemeint war. Rannte mit dem Heft zu meinem Opa und zeigte ihm den Text, und wir haben beide noch einige Zeit darüber gerätselt, bis mich plötzlich die Erkenntnis traf: Ich habe ein r gelesen, wo keines war (mein Opa offensichtlich auch). Ich sagte schnell: «Oh o. k., jetzt versteh ich's» und lief schnell und peinlich berührt mit dem Heft davon.

Eben eine Pop-up-Nachricht vom *Spiegel* bekommen: «Bayer bietet 62 Milliarden Dollar für Monsanto.» Mein erster Gedanke: «Sind die beim Fußball jetzt vollständig ausgerastet?! Und von welchem Verein wollen die Bayern Monsanto jetzt wegkaufen? Barcelona?»

Schule. Kunstunterricht. Gipsskulpturen. Um mich herum hübsch gekleidete Mitschülerinnen, von oben bis unten deutlich sichtbar mit Gipsstaub bepudert. Ich, froh über meine Kleiderwahl an diesem Morgen (helle Hose, heller Pullover): «Gut, dass ich was anhabe.»

Meine Kommilitonin bittet mich, ihre Hausarbeit durchzusehen, welche zwar inhaltlich okay, aber von der Form her katastrophal sei und daher Durchsicht dringend nötig habe. Einige der Quellenangaben im Text sind denn etwas seltsam, worauf ich sie auch hinweise. «Diese hier ist besonders komisch», sage ich so, «hast du eigentlich alles übers Formatieren schon wieder vergessen? Bei Quellenangaben werden bei zwei Autoren die Namen immer durch ein Und-Zeichen getrennt, und von den Vornamen brauch ich wenigstens die Anfangsbuchstaben!»

«Oh», sagt sie, «welche Autoren sind es denn?»

Ich sage: «Fernuni und Hagen.»

Gerade lese ich auf einer Nachrichten-Website die Schlagzeile «Das Geheimnis perfekter Balkontrolle» und überlege, was um alles in der Welt wohl Balkon-Trolle sind und inwiefern sie unbedingt perfekt sein müssen. Und warum ist ein Bild dabei, das einen Tischkicker zeigt? Ach so, es geht um «Ball-Kontrolle».

Ankündigung zu einer Sendung im Fernsehen: «Er ist einer der bekanntesten Wunschbrunnen der Welt.» Ich denke: «Wie kann denn jemand ein Wunschbrunnen sein?» Gerade wollen Bilder in meinem Kopf entstehen, wie Menschen jemandem Münzen in den Mund werfen, als die Vorschau weitergeht. «Der Trevia-Brunnen in Rom.»

Meine Mutter und ich fuhren eines schönen Sommertages einem Kleintransporter mit der Aufschrift «Montagearbeiten» hinterher. Wir haben uns eine halbe Stunde lang gefragt, warum die denn nur an Montagen arbeiten. Was ist mit Dienstag, Mittwoch und Donnerstag? Kann man überhaupt davon leben? Und was macht man so an Montagen?

Ich war dabei, ein Kreuzworträtsel zu lösen. Eine der Fragen ließ mich stutzen. «Amerik. Boxidol, Muhammad». Ich dachte ein «Boxi-dol», speziell ein «Mu-hammad», sei etwas Chemisches.

Komme ins Zimmer, mein Mann schaut eine Dokumentation zum Thema «Organspende». Es geht gerade um «Hornhaut-Spende». Ich schaue auf meine Füße und denke: «Was man so alles spenden kann.»

Meine Frau schreibt mir jeden Tag Dinge auf, die ich im Supermarkt kaufen soll. Ab und an schreibt sie Dinge dazu, die unser Sohn (3) sich aus dem in der Nähe des Supermarkts gelegenen Spielzeugladen wünscht. Meine Frau schreibt wie ein Arzt, und daher brauche ich manchmal etwas länger, um zu entziffern, was sie notiert hat.

Ich lese «Räuberkacke» und denke, dass die Wünsche meines Sohns immer spezifischer werden. Gleichzeitig ist es erstaunlich, was heute alles so angeboten wird. Ich wäre auch gern noch Kind. Ach so: Räucherlachs.

Lese eine Überschrift in einer Zeitschrift und wundere mich, was denn eine Schildkrötenunterfunktion sein soll. Ist die dann besonders langsam?

Bin müde, habe gerade einen Artikel über Krebsforschung gelesen und sehe jetzt mit halbem Auge eine Internet-Anzeige: «Fernstudium: der Tumor für Ihre Karriere».

Beim Einkaufen. Lese: «Fleischlose Tomaten».

Denke: «Wow, was sich Vegetarier so alles einfallen lassen.»

Lese noch mal: «Fleischtomaten, lose».

Seltsam. Der Rechtsanwalt hat eine Meditationspraxis? Ach so, Mediation.

Beim Durchblättern der Zeitung bleibt mein Blick an einer Schlagzeile hängen:

«Skifahren ohne Beschneidung geht nicht.»

Äh, was? Was hat denn das eine mit dem anderen zu tun?

Ich schaue genauer hin und lese es diesmal richtig:

«Skifahren ohne Beschneiung geht nicht.» Das stimmt wohl so.

Bekomme die Mail einer Druckerei, die für «Backlight-folien» wirbt. Erster Gedanke: «Mein Gott, jetzt wollen die schon in die Backöfen mit ihrer blöden Werbung.» Zweiter Gedanke: «Und was soll eine Leichtfolie im Backofen, die muss doch reißfest sein.»

Am 2. Weihnachtsmorgen zum Frühstück ins süße Café gegenüber vom Hotel. Mein Liebster (Koch) ist schon früh raus, um bei seiner Mutter die Gans in den Ofen zu schieben. Ich frühstücke allein und bestelle meinen Tisch so: «Guten Morgen, frohe Weihnachten. Ich bin *eine* Person.»

Wundere mich über die Radiowerbung eines Ladens, der Rabatt gewährt auf «Schiebe-Kleidung» und frage mich, was das eigentlich ist. Kurze Zeit später fällt mir auf: «Ski-Bekleidung» war gemeint.

Oma fragt Opa: «Wie heißt der Salat zum Aussäen, den wir in Holland gekauft haben, hast du das Samentütchen noch?» Opa: «Ja, der heißt Lausresistent, das stand vorne drauf.»

Ich lese, dass Charlie Sheen im Krankenhaus ist, weil ihm ein Muschelgericht nicht bekommen ist. Ich wundere mich, dass man nach einer Gerichtsverhandlung ins Krankenhaus muss. Und in dem Zusammenhang frage ich mich, was eigentlich ein Muschelgericht ist.

Lese «Türkisches Gericht bremst …» und denke als Erstes: «Döner?»

Das Sekundenschaf mit dem Döner erinnert mich an eine Freundin, die in einen McDonald's gegangen ist und nach langem Nachdenken den Mann an der Kasse bat: «Einen McDonald's, bitte.»

Bei David Guettas Album «listen» denken: «Was macht der denn für Listen?»

Die Radiosprecherin liest die (verkürzten) Schlagzeilen zum Besuch der englischen Königin in Deutschland vor und sagt: «Tausende jubeln Queen in Frankfurt zu.» Und ich so: «Hä? Sind die auf Deutschlandtournee? Und welchen Sänger haben die denn dabei, wo Freddy Mercury doch schon Ewigkeiten tot ist?»

Einen Coffee to go zum Mitnehmen, bitte!

Mein erstes Mal mit meinem neuen Lover, den ich im Internet kennengelernt habe. Man kennt sich noch nicht so gut, aber mit etwas Kommunikation klappt es doch ganz gut mit der gegenseitigen Befriedigung.

Ohne zu viele Details verraten zu müssen: Männer kommen meistens früher, das ist allgemein bekannt. Ich beschließe also, die Sache nach dem eigentlichen «Akt» selbst in die Hand zu nehmen, und er unterstützt mich tatkräftig dabei. So weit, so gut. Kurz bevor ich zum Orgasmus komme, fragt er mich mit seinem kroatischen Akzent: «Möchtest du vielleicht etwas Geld?»

Ich bin extrem fassungslos, bis ich bemerke, dass er mir gerade die Gleitgelflasche hinhält.

Ich habe einen neuen Duschvorhang gekauft, auf dem ein Aufkleber mit Pflegehinweisen angebracht ist: «Nach dem Duschen kurz heiß abspritzen!» Nach dem ersten Benutzen liegt der Vorhang in Falten, und vom Aufkleber ist nur der letzte Teil zu lesen: «abspritzen». «Wie versaut», denke ich, «und nur an Männer gerichtet.»

Essen holen. Verkäufer: «Zum hier Essen oder zum Mitnehmen?» Ich: «Zum Mitessen.»

Es ist heiß im Büro. Ich schreibe einer Kollegin eine E-Mail. Als ich sie abschicke, fällt mir auf, dass ich Garzeiten statt Lieferzeiten schrieb.

Meine Schwester konnte sich noch nie besonders gut Namen merken, also hat sie immer versucht, sich Eselsbrücken zu bauen, um sich die Namen besser einprägen zu können.

Meine Mutter hat eine neue Arbeitskollegin, eine Frau Sauermilch, die zu Besuch kommen soll. Meine Mutter hat uns extra eingetrichtert, uns den Namen gut zu merken. Frau Sauermilch sagt: «Guten Tag, Kinder.» Meine Schwester antwortet: «Guten Tag, Frau Quark.»

Kaffeetrinken mit einer Freundin. Wir blättern in ein paar Zeitschriften. Ein Artikel über Reisen nach Südfrankreich erweckt das Interesse meiner Freundin, aber in ihrem Gesicht sehe ich Zweifel aufkommen.

«Wie?! Ein extra Service für Voyageure?! Ja aber, das ist doch …» Sie hebt eine Augenbraue.

«Ist doch nett, wenn man als Reisender besonderen Service bekommt», antworte ich.

«Aber, du meine Güte! Was gucken die denn da?! Extra Service … Dürfen die dann dort nackten Leuten zugucken oder was?! Die Schweine! Heutzutage gibt es auch wirklich für jeden Fetisch Unterstützung!»

Nun war ich irritiert, bis es mir dämmerte. «Ach, du

meinst Voyeure!»

«Wie? Das ist doch das Gleiche, oder?»

Wir schauen im Fernsehen eine Reportage über ein Tankschiff. Oben in der Ecke steht ein englisches Wort in Großbuchstaben. Ich frage meinen Mann, ob vielleicht das Schiff so heißt. Er weiß es auch nicht.

Nach einer Weile sagt er: «Das heißt nicht ‹The Men-Tag› (englisch ausgesprochen), sondern ‹Themen-Tag›.»

Sitze zu späterer Zeit mit meiner zukünftigen Frau beisammen. Gucken «Star Trek IV». Es kommt die Rede auf die Wale (Buckelwale, im Englischen *Hunchbacks* genannt).

«Was sind das für Wale?»

«Hunchbacks.»

«Wie jetzt?»

«Wie Quasimodo.»

«Was?»

«Na, wie Quasimodo, *hunchback*.»

«Du weißt, wie Quasimodo mit Nachnamen heißt?»

«Nein, wieso?»

«Du sagst doch, er heißt Handspeck – doofer Name!»

Bin kürzlich über den Begriff «Malware» (englisch, also schädliche Software) gestolpert. Hatte ihn deutsch gelesen, dabei an Buntstifte gedacht und mich gewundert, was die mit meinem Computer zu tun haben sollen.

Vor einem «Angelshop» stehen und sich fragen, was man da wohl kaufen kann. Engelsfiguren?

Mein Mann und ich diskutieren. Sind genervt.
Jeder will noch einen draufsetzen.
Das letzte Wort haben.
Er fuchtelt mit den Armen, schimpft vor sich hin und macht ein riesiges Spektakel.
Ich will mit Gelassenheit siegen und sage mit erhobenem Haupt:
«Jetzt mach mal nicht so ein Tentakel!»

Einer der seltenen Tage, wo ich mal Bus fahre. Mir fällt ein Werbeplakat auf: Busfahrtraining für Senioren. Ich denke im ersten Moment: «Ob das so gut ist, wenn die alten Leute noch einen Bus fahren?»
Dann die Erleuchtung! Es geht darum, dass man mit älteren Menschen, die nicht mehr so gut zurechtkommen, gemeinsam übt, die Buslinien zu benutzen.

Ich saß am Rechner und arbeitete an meinen Exceltabellen. Da schellte das Telefon! Ich dachte mir, bevor ich abhebe, muss ich die Daten sichern, damit nichts verloren geht. Letztlich nahm ich den Hörer und meldete mich: «Datei speichern unter, was kann ich für Sie tun?»

Am Telefon einfach mal mit der Standard-Grußformel «mit freundlichen Grüßen, Vorname, Name» verabschiedet.

Ich sah mir mit meiner Mitbewohnerin im Fernsehen eine Tierdokumentation über Feuchtbiotope an. Stolz wie Oskar, dass ich trotz meiner schlechten Kenntnisse über Fische das dargestellte Tier zuordnen konnte (mein Gehirn schwankte offensichtlich noch zwischen Hecht und Dorsch), rief ich voller Begeisterung aus: «Den kenn ich, das ist ein Hirsch!»

Ich sitze beim Arzt im Wartezimmer, und völlig gedankenverloren lese ich anstatt «Liebe Patienten» meine eigene Version: «Liebe Partyenten».

Als ich bei IKEA anfing, wurde uns bei einer Mitarbeiter-Feier freudig vom Krebsfest erzählt. Völlig schockiert und mit offener Kinnlade hörten wir, dass dazu immer ganz viele Kunden kommen und das ganz toll sei. Stotternd fragte ich, welche Art von Krebs man denn feiert oder ob es eine Spendenaktion für kranke Kinder gibt.
Es ist ein traditionelles Fest aus Schweden.

Wir schauen einen Film. Es steigt ein Hubschrauber auf, auf dem groß ADAC steht.
Ich frage: «Was ist ein Adac?»

Ein Patient fragt mich, ob er wohl noch eine Flasche Wasser bekommen könne. Dunkel schimmert in meinem Hirn auf, dass wir zwei Sorten haben, mit und ohne Kohlensäure. Aber mein Mund ist schneller als mein Gehirn, und so frage ich, ob er Wasser mit oder ohne Wasser haben will.

Ich war mit meiner Mama bummeln. Als ich eine hübsche Hose entdeckte, konnte mein Gehirn sich anscheinend nicht zwischen ‹fesch› und ‹schick› entscheiden. Also rief ich durch den ganzen Laden: «Guck mal, Mama, die ist ja fick!»

Kommentar zur Gesamtsituation einer guten Freundin: «Früher war alles viel früher.»

Ich gehe in den Bäckerladen. Hier bei uns in Nordfriesland begrüßt man sich üblicherweise mit «Moin». Die Bäckerfrau sagt aber wider Erwarten: «Hallo.» Ich darauf: «Mollo!»

Wollte den Kellner freundlich mit einem «Hey» begrüßen. Er kam mir zuvor und verwirrte mich mit «Ciao». Antwortete: «Hau!»

Kürzlich in einem Seminar. Es geht um das Thema «Unbegleitete minderjährige Flüchtlinge in Deutschland», also Kinder, die ohne ihre Eltern oder andere Erwachsene nach Deutschland geflohen sind. Der Referent hat einen unüberhörbaren hessischen Zungenschlag. Eine Teilnehmerin schaut zusehends irritiert und stellt nach einer Weile dem Referenten die Frage: «Sagen Sie, kommen die Kinder wirklich OHNE KLEIDUNG zu uns, also NACKT?» Der Referent versteht nicht und antwortet: «Wieso ohne Kleidung? Ohne Eltern kommen die.»

Mittlerweile schüttelt sich der Saal vor Lachen. In der

hessischen Mundart klingt «unbegleitet» exakt genauso

wie «unbekleidet».

Seit einigen Wochen lebe ich zur Untermiete bei einer älteren Dame in München. Seitdem ich das erste Mal in ihrer Wohnung duschen war, habe ich mich gefragt, warum auf ihrem Duschvorleger «BAD» steht. «Ein echter Michael-Jackson-Fan, die Gute», dachte ich mir. Leider hat es nicht Sekunden, sondern Tage gedauert, bis ich bemerkte, dass da nicht das englische Adjektiv «bad», sondern schlicht und ergreifend das deutsche «Bad» stand.

Ich wollte mich bei einer Kollegin per SMS krankmelden. Leider habe ich die SMS vor dem Versenden nicht noch mal durchgelesen, und die Autovervollständigung machte daraus: «Kann leider heute nicht kommen, bin immer noch nackt.»

Ich arbeite neben dem Studium als Kassiererin. Eine Frau kauft eine sehr große Packung sehr großer Damenbinden. Ich sage: «Zehn Euro achtzig, Binde!»

Ich lese mir das Kleingedruckte einer Gesichtscreme durch, als ich bei dem Merkmal DreipHASENeffekt irritiert hängen bleibe. Es dauert eine ganze Weile, bis ich begreife, dass es DreiPHASENeffekt heißt.

Ich sitze an der Ausleihtheke einer Bibliothek.
Telefon klingelt.

Ich: «Hallo, hier (Nachname), Ausleihe Buch.»
Anruferin: «Hallo, Frau Buch.»

Als Kellnerin benutzt man die gleichen Sätze immer und immer wieder, was dazu führt, dass man nicht mehr wirklich darüber nachdenkt, was man so sagt. Mal wieder fiel der Satz «Zahlen Sie zusammen oder getrennt?». Den irritierten Blick gab es inklusive, denn der Gast war alleine da.

Mein Bruder hat mir einmal erzählt, dass er im Unterricht saß und der Lehrer die Klasse fragte, wo denn im Zweiten Weltkrieg die beiden Atombomben abgeworfen wurden. Die erste Antwort war natürlich Hiroshima.

Daraufhin meldete sich ein Mitschüler meines Bruders und sagte sehr überzeugt: «Nun ja, die zweite Atombombe wurde dann in Kawasaki abgeworfen.»

Neben dem Studium arbeitete ich an der Kasse.

«Möchten Sie Ihren Kassenzettel mitessen?», ist noch der netteste meiner Sprachaussetzer.

Der ältere Herr wollte das übrigens nicht, er hatte schon eine Kleinigkeit zum Mittag gehabt.

Einmal, als ich mir ein Buch gekauft habe, wollte ich die Kassiererin um eine kleine Tüte bitten, stattdessen sagte ich: «Einmal zum Mitnehmen, bitte.»

Wenn mein Freund und ich auf eine Party gehen, bin ich es gewohnt, dass die Leute mich kennen und ich ihnen meinen Freund vorstelle. Er sagt nie mehr als «Hi!».

Nun waren wir dieses Mal aber auf einer Party bei seinen Freunden. Er sagte wie immer nur: «Hi!» Ich nahm wie immer die Vorstellung vor. «Hi, ich bin Hannah. Sein Freund.»

Als ich das erste Mal das Wort Propangas auf einem Schild las, wusste ich nicht, wie es sich spricht. Stattdessen las ich es in einem Zug und dachte, «Propangas» wären exotische Früchte.

Ich saß mal mit einer Freundin beim Chinesen. Sie warf den Kellnern dauernd schmachtende Blicke zu. Auf meine Frage, was es damit auf sich hat, antwortete sie seufzend: «Ich steh zur Zeit total auf Pekinesen.»

Ich sollte für meinen Vater, der Landwirt war, ein Medikament vom Tierarzt abholen. Den Namen hatte er mir aufgeschrieben, das Zeug hieß Parachlorgel. Mit dem Zettel bewaffnet ging ich also zum Tierarzt und meinte, ich wolle die Parachl-Orgel abholen. Was weiß ich schon von Tierarznei.

Zu diesem Tierarzt gibt es noch ein zweites Sekundenschaf.

Der gute Mann hieß Kleihauer. Irgendwann wollte ich meine Mutter etwas über ihn fragen, der Name, den ich dabei für ihn verwendete, war: Matschklatscher!

Mein Freund sitzt auf dem Sofa und liest ein Musik-Fanzine. Die zweite Seite ist eine Werbeanzeige. Ich stehe im Raum, schaue quasi über Kopf auf die Zeitschrift, lese den größeren, gedruckten Text der Werbung, die im Kreis angeordnet ist, und sage laut: «Was bitte steht da? Wedel ivert hegoods?» Als er versteht, welchen Text ich meine, bricht er fast zusammen vor Lachen. Da stand: «We deliver the goods!»

Wollte mal wieder shoppen gehen. Finde einen tollen Pullover und gehe damit zur Kasse, um ihn zu bezahlen.

Die Kassiererin will Smalltalk machen und meint lächelnd, während sie den Pullover zusammenlegt: «Oh, der ist aber süß.»

Ich, ebenfalls lächelnd: «Ja, ich auch.»

Ich habe ein paar Kosmetikprodukte bestellt, und nun sind sie da. Da sie aus dem Ausland kommen, müssen wir erst mal gucken, welches Produkt nun was ist. Meine Freundin hält mir einen Beipackzettel hin und fragt mich mit großen Kinderaugen: «Sag mal, was hast du denn da bestellt? Aug engel? Was macht man damit?» Schweigen. «Schatz, Augengel.»

Ich ging einmal durch die U-Bahn-Station, als mir ein Plakat auffiel, auf dem für eine Aufführung von «Persephone» geworben wurde.

Ich stand ganz verdutzt davor und fragte mich immer wieder, was denn ein «Perse-Phone» sein soll, bis ich schließlich den Geistesblitz hatte.

Die Kids der Neunziger, wie ich auch eines bin, kennen ja sicher noch die Funktion T9 auf den älteren Handys. Ein Freund gab an diesem Abend eine Feier und wollte mir wohl schreiben, dass ich noch eine Kiste BIER mitbringen solle – dumm nur, dass aus dem BIER am Ende AIDS geworden ist (dank T9). So stand da des Abends auf meinem Handy geschrieben: «Alles klar – um zehn geht's los, bring noch ne Kiste Aids mit!»

Autopanne! Der ADAC schleppt mein Auto ab. Sitze neben dem netten Gelben Engel, der mit der Zentrale kommuniziert. Sie fragt nach Fahrzeugtyp und ob der Fahrzeugführer auch der Fahrzeughalter sei. Bei der Frage nach dem Baujahr antworte ich: «1974.» Die Frau guckt mich erstaunt an und sagt: «Ich meine den Wagen und nicht Ihr Geburtsjahr!»

Beim Lesen der Beiträge auf «Sekunden-Schaf» zögere ich plötzlich, weil ich mich frage, warum man Gassi gehen muss, wenn die Hand unruhig wird. Ob Spaziergänge bei Parkinson helfen? Erst nach dem dritten Lesen fiel mir auf, dass nicht die Hand, sondern der Hund unruhig wurde.

Ich wollte meinem Mann mitteilen, dass ich sein Essen im Ofen aufwärme. Da ich aber sowohl das Wort «fix» als auch «kurz» im Kopf hatte, sagte ich: «Ich werfe mal furz dein Essen in den Ofen.»

In Holland unterwegs mit dem Auto, höre Radio. Ich wundere mich immer, wie viele Händler im Ort Punte- nell angesiedelt sind. Mazda Puntenell, BMW Puntenell, dieses, jenes, alles in Puntenell. Bis ich in der Fernseh- werbung abends sah: mazda.nl.

.NL ist Puntenell.

Ich stehe vor einem Teeladen, der im Schaufenster al- lerhand Wortspiele mit diesem Getränk abgebildet hat: «Tee-Sieb, Tee-Kanne, Tee-Ei, …» Doch das Tier Tee- Nager war mir bisher gänzlich unbekannt.

Habe gerade im Radio Nachrichten gehört: «Schlangen vor den Banken in Griechenland!», und dachte: «Schei- ße, wie kommen die denn dahin?»

Ich las einen Artikel über die verschollene Kometensonde Philae. Darin stand der Satz: «Die Wissenschaftler wol- len ihr Baby jedenfalls nicht aufgeben.» Empört stockte ich. Die hatten mit der Sonde einen Säugling ins All ge- schossen? Das ist doch barbarisch!

Ich male in einer Künstlergemeinschaft, und eine Aus- stellung stand an. Paul konnte beim Aufbau der Aus- stellung nicht dabei sein, genau wie ich, und seine und auch meine Werke wurden von unseren Kollegen ge- hängt. Natürlich interessierte es mich, wie meine Werke hängen, und ich stürmte schon vor der Vernissage in den Raum. Meine Bilder fand ich, aber die von Paul nicht. Da traf ich einen meiner Malkollegen im Kreis einiger mir unbekannter Menschen und fragte in die Runde: «Habt ihr denn den Paul nicht aufgehängt?»

Ein Freund fuhr eine lange Strecke auf der Autobahn. Beim Anhalten am Rastplatz fragte er sich selbst gedankenverloren, als er die Mülltonnen betrachtete: «Was zur Hölle ist denn eine Restmüllwaste?»

Ich lese im Videotext, dass Altenheime wegen des Pflegenotstandes immer mehr Angel-ernte einsetzen. Ich frage mich, wie das mit Fischen funktionieren soll, bis mir auffällt: «Das heißt ja An-gelernte!»

Es ist schon ein paar Jahre her, da las ich in einer Zeitung einen Artikel darüber, dass Wissenschaftler eine gewisse Art von Strahlung erforscht hatten. Immer wieder las ich den Begriff «komische Strahlung» und wunderte mich doch sehr über diesen Ausdruck. So lange, bis ich beim dritten oder vierten Durchlesen bemerkte, dass das keine komische, sondern kosmische Strahlung war.

Ich stehe an der Ampel und betrachte den Querverkehr. Ein Lieferwagen mit Aufschrift fällt mir auf. Fachmann für Fließe-striche. Überlege lange, was das wohl sein mag. Erst abends erkenne ich: die Mehrzahl von Fließ-Estrich!

Mit der Freundin sitzt man bei den Eltern am Frühstückstisch. Die kleine Schwester (16) blättert in der Zeitung und liest betont konzentriert einen Artikel über eine Ölpest.

Plötzlich blickt sie auf und schaut uns verwirrt an: «Was ist denn eine Ölpst bitte für ein Tier?»

Lese im Vorbeigehen den Titel «Geschichte des Abfalls der Niederlande». Ein ganzes Buch nur über den Müll unserer Nachbarn?

Ich gehe nach der Arbeit manchmal in einem kleinen Einkaufszentrum in der Nähe meiner Arbeitsstätte Lebensmittel kaufen. Im selben Gebäude befindet sich seit Jahren ein Klamottenladen, vor dem Werbeschilder aufgestellt wurden, die ich im Vorbeigehen flüchtig durchlese. Eines Tages lese ich dort: «Im 2. Stock, jeden 1. Mittwoch im Monat, findet die Einpieselgruppe statt.» Ach nee: «Epilepsieselbsthilfegruppe».

Auf dem Weg von der S-Bahn nach Hause, vorbei an der Wand mit den vielen Aufklebern. Ich schaue gar nicht mehr richtig hin, aber heute wundere ich mich, warum «ADAC Motorwelt» weiß auf schwarz auf einem Aufkleber steht – der ADAC macht doch nicht per Aufkleber Werbung, und ist deren Logo nicht gelb? Ich bleibe stehen und lese: «AC / DC Motörhead».

Jeden Morgen Radio an, NDR2, Christoph Drösser mit «Stimmt's» hören. Ich war völlig verwirrt und entsetzt, als es um die Frage ging: «Sind Dosentomaten gesünder als FRÖSCHE?» Ich hab mich eine ganze Zeit geekelt, bis ich merkte: Es heißt FRISCHE.

Der Innenhof unserer Kirche wird saniert. Natürlich gibt es auch Absperrungen mit Hinweisschildern. Jedes Mal, wenn ich daran vorbeikomme, wundere ich mich sehr: «Beten und Spielen verboten.»

Es hat lange gedauert, bis ich erkannte, dass die Kneipe nicht «Wachs-Tube», sondern «Wach-Stube» heißt.

Da las ich auf dem Messplan meines Pfarrers:
«Lesung aus dem Erpresserbrief», ähm, «Epheserbrief»!
In der gleichen Messe ein von mir zu singender Vers: «Ich will euch zu Menschenfressern machen.» (Sollten die Menschenfischer sein.) Hab dann daraus noch schnell Menschenfrischer gemacht!

Seit Jahren fahre ich auf meinem Nachhauseweg an einer Gaststätte vorbei und lese in Gedanken immer den total unpassenden Namen – bis mir irgendwann auffällt: Es heißt ja gar nicht «Fleischerinnerung», sondern «Fleischerinnung»!

Vier Wochen lang wunderte ich mich über die obszöne Aufschrift am Schaufenster nahe meiner neuen Arbeits- stelle. Erst im zweiten Monat wurde mir klar, dass dort einfach nur «Schlappenflicker» stand.

Kaufe WC-Reinigungswürfel für den Spülkasten und lese auf der Packung: «Hält zwei Wochen, ohne Montage» und denke: «Wie, haben die montags frei?»

Gestern habe ich mit meiner Freundin telefoniert. Sie erzählte mir von dem leckeren Essen, das sie am Abend mit ihrem Freund machte.

Als sie den Namen sagte, fragte ich mich eine Weile, seit wann man «Rap» essen kann.

Gerade im Videotext gelesen: «Tiefseeraucherin verschwunden».

Vor einigen Jahren musste ich mal in einer fremden Stadt kurzfristig einen Termin beim Frauenarzt machen. Ich hatte Glück und kam noch am selben Tag zwischen zwei anderen Patientinnen dran.

Als die Ärztin mit der Untersuchung fertig war, bedankte ich mich noch artig: «Danke fürs Reinschieben!»

Im Fernsehen höre ich das Kästner-Zitat: «Es gibt nichts Gutes, außer man tut es.» Ich wundere mich kurz, was wohl Mantutes sind.

Mit dem Auto in der Umgebung von Wien unterwegs.

Auf einer Plakatwand lesen wir «SM KEYNIGHT» und sind sehr verwundert, dass eine solche Veranstaltung in dieser doch recht ländlichen Gegend offen beworben wird – und noch dazu im örtlichen Feuerwehrhaus stattfindet. Nach einigem Staunen und Rätseln meint die erwachsene Tochter mit kaum verborgener Heiterkeit, dass der zigarrenrauchende Smiley zwischen «SM» und «KEYNIGHT» in Wirklichkeit ein «O» ist und mit dem Plakat ein Feuerwehrfest namens «SMOKEYNIGHT» beworben wird.

Immer habe ich mich gewundert, warum die Bergvagabunden in dem nämlichen Lied dem Gipfel kreuzzu steigen – bis mir irgendwann ein Licht aufgegangen ist: Sie steigen dem Gipfelkreuz zu.

Beim morgendlichen Zeitungslesen ernsthaft angestrengt vorgestellt, wie denn wohl ein Punk-Trichter aussehen möge.

Ich setze mich hin und lese auf der Tüte einer Textilreinigung «Alkohol- und Bring-Service» statt «Abhol- und Bring-Service».

Bin so ein bisschen dösig unterwegs, sehe nur aus den Blickwinkeln ein Plakat, darauf ein offenbar tanzender Mann, sehr dynamisch mit Kappe, daneben die Schrift: «Mein Liebling(s)-shirt». Ich: «Hä? Da fehlt ja ein r. Ach,

Liebling(s)-shit. Wie, das ist doch noch gar nicht legali-
siert? Wie können die damit werben?» Schon fast vorbei,
geht mir auf, was wirklich da steht: «Mein Lieblingshit.»

Ich überfliege die Schlagzeilen der *SZ online*. Unter einem
Bild, das vier Reagenzgläser zeigt, finde ich folgenden
Text: «Probier doch mal: Insekten – Mehlwürmer statt
Kinder – es wäre ökologisch sehr viel sinnvoller.» Anstatt das in Frage zu stellen, habe ich zustimmend genickt
und gedacht: Weniger Bevölkerungswachstum durch ungewöhnliche Haustiere macht schon Sinn, auch wenn ich
mich gefragt habe, ob die nicht lieber eine Katze oder
einen Hund hätten als so eine Insektenfarm. Erst beim
zweiten Lesen ist mir aufgefallen, dass dort Rinder stand
und nicht Kinder.

Vulgäre oder gar Schimpfwörter waren in meiner Kindheit ziemlich tabu. Nun bin ich selbst Vater.
    Kürzlich rief ich meine Frau an und sagte ihr, dass
unser Kind nach dem letzten Schwimmbadbesuch Dell-
warzen bekommen hat. An den Powangen.

Ich lese im Internet «App. mit beheiztem Pool gesucht»
und überlege, ob es diese App wohl auch für Android gibt.

Freundin und ich im Auto unterwegs. Ich fahre. Plötzlich
ein Schrei: «Iihh, wie eklig!
    Guck mal das Plakat: Samstagabend 18.00 bis
22.00 Uhr – Nacktflohmarkt!»

FRANKFURT HBF VIAJENA – WEIMAR – ER-
FURT – GOTHA – FULDA … Wo nur dieses Viajena
liegen mag?

Ich stehe in der Rumpelkammer und rauche verträumt
eine Zigarette. Mein Blick schweift über eine Packung
mit Spachtelmasse, auf der steht: «Füllspachtel innen».
Ich wundere mich und denke: «Jetzt übertreiben die es
mit der Gender-Correctness aber ein bisschen.»

Mein Nachname ist Karsten. Per Telefon bestellte ich
Theaterkarten. Der netten Dame am Telefon erklärte
ich: «Karsten mit K.» Als ich dann am Theaterabend
die Karten abholen wollte, war unter Karsten nichts zu
finden. Aber unter «Karsten Mitka».

Lese im Netz lustige Beckenbauer-Zitate, eins davon
(über Effenberg) lautet: «Er bläst wie ein Blasengel.» Ich
wundere mich einige Minuten darüber, was damit gemeint ist, denn wie bläst man denn wie Blasen-Gel?

Im Discounter sah ich am Regal das Preisschild für einen
«Kinder-Hochdruckreiniger». Kurz überlegt, wie dre-
ckig Kinder sein müssen, dass Eltern so etwas brauchen
und auch kaufen. Der Blick auf die Verpackung zeigte
dann einen Spielzeug-Hochdruckreiniger für Kinder.

Als ich die Route unserer gebuchten Kreuzfahrt anschaue,
entdecke ich, dass zweimal «Seetag» angefahren wird,

und sage zu meinem Freund: «In ‹seatäg› sind wir gleich zweimal, hoffentlich ist das nicht so ein fades Kaff.»

Einmal, als ich an einem großen Fahrzeug vorbeiging, las ich: «Achtung, Schweinkram.» WAS ?!

Noch mal hingeschaut und diesmal richtig gelesen: «Achtung, Schwenkarm».

Ich heiße Ute, und als Kind habe ich einmal für einen Moment gestutzt, im Fernsehen «He, Ute» zu lesen. Es war natürlich das Logo der Nachrichtensendung «Heute».

Meine Schwester sucht für eine Freundin Karten für ein Theaterstück aus. Ich helfe ihr dabei, klicke mich durch verschiedene Aufführungen und lese kurz im Programm nach. Dann stolpere ich über folgenden Satz:

«(…) Grundschullehrerin wollte Denise werden. (…)»

Ich lese diesen Satz so und denke mir: «Was ist eine Denise? Warum will die Grundschullehrerin eine Denise werden? Was zur Hölle bedeutet denn Denise? Was machen Denise so?»

Bis ich irgendwann weiterlese und merke: Die Grundschullehrerin heißt Denise.

Stöbere gerade online in Bücher-Angeboten und lese: «Der Apfel des Dalai Lama».

Stutze, denke: «Äh, was? Hat der jetzt ein vegetarisches Kochbuch geschrieben?»

Schaue noch mal hin und lese es richtig: «Der Appell des Dalai Lama».

Ich schwärme einer Freundin von der neuen Serien-DVD-Box vor, die ich mir gekauft habe: «Baking Bread».

Ich hatte einmal einen Vorgesetzten mit Namen Lichtenecker.

Damit er seinen Namen am Telefon nicht umständlich buchstabieren musste, sagte er meistens «wie ‹Licht› und ‹Ecke›».

Und einmal kam daraufhin tatsächlich ein Brief an «Herrn Lichtundecke».

Als Kind habe ich mich sehr gewundert, als ich das erste Mal etwas von «Weinlokalen» gehört habe. Ich dachte wirklich, dahin geht man zum Weinen.

Ich hole die Post aus dem Briefkasten und sehe, dass auch eine Zeitschrift dabei ist, die ich abonniert habe. Auf der Titelseite steht: «Gefahr durch Pflanzen». Da fällt mir ein, dass ich, wenn die nächste Ausgabe kommt, schon umgezogen bin und also noch schnell meine Adresse ändern lassen muss.

Ich gehe ins Internet und gebe ein: «Adressänderung durch Pflanzen».

Neulich lief ein neues Lied im Radio – auf Deutsch. Da dankte die Sängerin ihrem Lieblingshemd: «Bei dir kann ich ich sein, verträumt und verrückt sein, schön dass wir uns kennen.» Hä? Ist das nicht eine etwas übertriebene Liebe zu einem Kleidungsstück? So spreche ich nicht mit meiner Kleidung. Ich hörte noch mal genau hin – ja, die Frau hat tatsächlich «Lieblingshemd» gesungen! Da ich gerade am Computer war, schaute ich auf die Playlist des Radiosenders. Der Song war «Lieblingsmensch» von Namika.

Neulich sitze ich gemütlich in meinem Lesesessel und bin in ein Buch vertieft, als das Telefon klingelt. Ich lege das Buch aus der Hand, nicht ohne mir die Seite zu merken, auf der ich gerade bin, und melde mich am Telefon forsch mit «237».

Ich (Pendlerin) sitze frühmorgens im Auto und quäle mich müde durch den Berufsverkehr. Vor mir fährt ein Laster mit dem Aufdruck «Krankenvermietung». Ääh … wie bitte?! Noch mal genauer hingeschaut – ach so, «Kranvermietung».

Gerade den Eintrag «Kran(ken)vermietung» gelesen und mich am Ende gewundert, dass so viele Kraken gemietet werden, dass es sich lohnt, Werbung dafür zu machen.

Ich lese die lokale Zeitung online, stolpere bei der Überschrift: «Fledermäuse pumpen Neckar aus den Blüten», und frage mich, wie diese kleinen Tiere es schaffen wollen, den ganzen Fluss auszupumpen und wie der Neckar überhaupt in die Blüten geraten ist.

In meiner alten Heimat wird Kali abgebaut. Dieser Rohstoff wird anschließend mit Zügen abtransportiert, den sogenannten Kalibahnen. Das sollte man sich nach einem tiefen Durchatmen ins Gedächtnis rufen, wenn man beim Überfliegen der Schlagzeilen in der Lokalzeitung vermeintlich an dem Satz «Gemeinderat uneins über Kannibalen» hängengeblieben ist.

Es ist schon etliche Jahre her, als ich einmal einem damaligen WG-Mitbewohner ziemlich irritiert folgende Schlagzeile vorlas: «Missionarsstellung im Pfarrzentrum». Mein Mitbewohner machte mich dann freundlich darauf aufmerksam, dass da «Missionsausstellung» stand.

Gestern im Getränkemarkt: Bei der Leergutabgabe läuft eine Fußball-Sendung, bei der unten im Bild die Schlagzeile eingeblendet wird:
«EINSATZ VON VIDAL FRAGLICH».
Ich denke: «Komischer Name für einen Fußballer – ‹Vidal Fraglich›.»

Ich wollte vor Jahren die einzige Single-Freundin aus meinem Freundeskreis verkuppeln. Offenbar konnte ich mich nicht zwischen «Wir müssen sie unter die Haube bringen» und «Wir müssen sie an den Mann bringen» entscheiden und sagte in die Runde: «Wir müssen Angela bald unter den Mann bringen.»

Vor Jahren war ich für das Verbuchen von auszuleihenden Büchern zuständig.

Wenn mal gerade wenig los war, surfte ich heimlich auf einer Flirtseite im Internet.

Einmal legte mir ein Besucher ein Buch zum Ausleihen vor, auf dem ich den Titel «Der dreibeinige Gott» las. Ich hätte fast losgeprustet, weil das zu meinen Flirts im Netz zu passen schien.

Ich konnte mich gerade noch bremsen, als ich beim zweiten Hinschauen merkte, dass der richtige Titel «Der dreieinige Gott» lautete.

Mein Mann und ich kommen aus dem Theater und diskutieren kontrovers über das, was wir gerade gesehen haben. Ich, in der Hitze des verbalen Gefechts: «Nun halt mal bitte den Ball im Dorf!»

Vor nicht allzu langer Zeit las ich ein Hinweisschild in der U-Bahn (U2) auf die englische Art: «You too». Und dachte mir: «Da schau her, seit neuestem benennen sie die U-Bahnen nach Musikgruppen.»

Im Fernsehen läuft Werbung. Ich sehe nicht hin, hantiere in der Küche und höre, dass es sich anscheinend um Werbung für Schinkenwurst handelt. Ein Satz löst plötzlich Verwirrung in meinem Kopf aus: «Probieren Sie jetzt! Der neue Pharma-Schinken!» Ich denke mir: «Was?! Pharma-Schinken? Wie soll der denn schmecken? Sehr merkwürdig. Jetzt macht die Pharmaindustrie schon Schinken.»

Erst nach einigen Minuten kam mir dann die Erleuchtung: Farmerschinken.

Ich stehe vor dem Schwarzen Brett meiner Firma und lese auf einem Aushang, dass ein/e Mitarbeiter/in für das Back-Office gesucht wird. Irritiert frage ich mich, seit wann in der Kantine selbst gebacken wird.

Aus der Orchesterprobe zum Oratorium «Paulus» schnelle SMS nach Hause geschickt: «Habe meinen Anzug noch in der Steinigung!»

In einer Fernsehsendung höre ich den Begriff «Lehnstuhlprinzip». «Widerlich», denke ich. «Und warum sollte jemand Kot leihen wollen?»

Kollegin schreibt eine E-Mail mit: «Wir erhalten eine Fee». Große Freude. Pause. Sie meint eine Gebühr.

Wir schauen «Der weiße Hai». Als der Mageninhalt des Hais ausgeräumt wird und die Schauspieler wegen des Geruchs würgen, will ich sagen: «Ih, ist das eklig.» Sage aber voller Überzeugungskraft: «Bäh, das stinkt!»

Im Radio geht es um das bevorstehende Fußball-Wochenende, und ich höre den Moderator sagen: «Hauptsache, die Schalker finden ihre Ballons.» Es braucht einige Fragezeichen und schräge Bilder in meinem Kopf, bis ich endlich merke: Gemeint ist die BALANCE.

Ich war bei meiner Mutter zum Sonntagsessen, mein Mann musste arbeiten. Ich schicke ihm abends per WhatsApp ein Bild unseres Mittagessens und schildere ihm, was es gab und dass es lecker war. Er erzählt, dass es bei ihm auf der Arbeit «Hammer Gulasch» gab. Ich frage mich, was denn wohl für ein spezielles Gulasch aus Hamm kommt. Ich kenne ja Szegediner Gulasch, ungarisches Gulasch etc., aber Hammer Gulasch? Nie gehört. Bis mir einfällt, dass er einfach nur meint, dass es hammerlecker war.

Ich hänge vorm Fernseher und werfe einen Blick in den Videotext, lese da die Überschrift: «Bundeswehr-Flugzeuge brechen auf». Denke mir: «Du meine Güte, was geht denn da noch alles kaputt?»

Neueste Nachricht zum Ausbau der A20: Seeadler-Horst verhindert Ausbau. Ich lese einmal, zweimal, dreimal – und frage mich: «Wer hat den Seeadler ‹Horst› genannt?»

Habe erst durch «Horst 2» das «Seeadler-Horst»-Sekundenschaf verstanden.
    Obwohl ich mich gewundert habe, seit wann Seehofers Spitzname «Seeadler» ist.

Ich lese die neusten Sekundenschafe. Darunter eine Meldung von einem Seeadler-Horst, der den Bau einer Autobahn blockiert. Ich lese zweimal, dreimal. Ich frage mich: «Heißt der Horst nicht SeeHOFER?»

Höre in den Nachrichten: «François Hollande gab seine Stimme in seinem Wahlkreis in Tulle ab», und frage mich, ob ihm das wirklich steht.

Im Drogeriemarkt gleitet mein Blick über die Strumpfhosen, und ich lese als Werbung: «Angeblich weich und blickdicht». Ich frage mich noch, warum da jemand «angeblich» draufschreibt, bis ich noch mal hingucke: angenehm, nicht angeblich.

Im Kalender meines Mannes finde ich zu einem Zahnarzttermin die Randbemerkung: WurzELENDbehandlung.
Nachdem ich mich einige Minuten darüber amüsiere, dass er die Wurzelbehandlung als Elend sieht, stelle ich fest, dass das Wort WurzelENDbehandlung heißt.

Ich stehe am Bahnhof. Hinter mir ist der Backshop mit einer tollen Reklame: Berliner nun auch mit Mehrfruchtfüllung. Ich: «Welcher Kranke haut da Thunfisch und Getier rein?»

Mein Mann sieht in einem Prospekt Werbung für Hähncheninnenfilets und denkt sich: «Lecker, Filets von weiblichen Hähnchen.»

Überschrift bei *Spiegel Online*: «Serbischer Minister für Entgleisung abgesetzt.» Frage mich, was ein «Minister für Entgleisung» macht.

SCHAFE UND DIE GROSSEN FRAGEN

Eine Kollegin legt im Büro einen Brief auf die Briefwaage. Sie stellt fest, dass er ein paar Gramm zu schwer ist und sie eine weitere Briefmarke draufkleben muss. Sie nimmt den Brief von der Waage, drückt mit der flachen Hand auf den Umschlag und legt den Brief erneut auf die Waage. Auf meinen fragenden Blick hin erklärt sie mir: «Ich habe die Luft rausgedrückt, dann wird der leichter.»

Ich habe letztens Tabletten aus der Apotheke geholt. Apothekerin: «Von den Tabletten muss täglich eine genommen werden.» Ich: «Ja, klar, alle 12 Stunden.»

Ich möchte für einen Kollegen einen Flug buchen und brauche dafür seine Adresse. Ich gleiche meine alten Daten mit der Personalabteilung ab und notiere die Änderungen. Dann fällt mir ein: «Mist, ich brauche ja auch das Geburtsdatum, ich rufe gleich noch mal an und frage, ob sich das auch geändert hat.»

Ein Freund hat am 29. Februar Geburtstag. Im Freundeskreis haben wir jetzt überlegt, wie alt er dieses Jahr «wirklich» wird, wenn wir nur alle kalendarischen Geburtstage zählen. Wir kamen auf 11. Mein Einwand dazu: «Hängt doch davon ab, wie viele Jahre zwischen seiner Geburt und dem nächsten Schaltjahr lagen.»

Mir ist aufgefallen, dass nach Einbruch der Dunkelheit keine Tauben mehr in der Innenstadt unterwegs sind. Als mal wieder Zeitumstellung ist, frage ich mich folgerichtig, woher die Vögel denn wissen, dass die Sonne jetzt eine Stunde eher untergeht.

Meine Freundin bastelt gerade ein zeitaufwendiges Geschenk für ihren Vater zum 60. Geburtstag. Da denke ich: «Hm … Meine Freundin war und ist voll das Papa-Kind. Und ich bin dann wohl das Muttersöhnchen.»
   Ich bin eine Frau.

Frühmorgens auf der Fahrt zur Arbeit sehe ich seitlich einen tollen Sonnenaufgang, kann ihn aber auf der Autobahn nicht wirklich lange bewundern. Nach ungefähr einem Kilometer schaue ich, ob ich die Sonne noch sehen kann, leider ist nun aber ein Hügel im Weg. «Schade, dass die Sonne schon wieder untergegangen ist», denke ich mir.

Schlagzeile in der Zeitung: «Bahn will 2100 Stellen streichen».
   Ich denke mir: «Bis 2100 ist es ja noch ewig hin – das interessiert doch heute keinen Menschen.»

Stehe am Morgen nach meinem 40. Geburtstag unter der Dusche. Denke dankbar zurück: «Hast deinen 40. Geburtstag schön verlebt und gut hinter dich gebracht.» Plötzlich durchzuckt es mich: «Bin ich jetzt 41?»

Während meiner Ausbildung zur Buchhändlerin musste ich natürlich auch an den Adventssamstagen arbeiten. An einem dieser Tage bemitleidete mich eine Kundin deshalb, dass ich gar nicht bei meiner Familie sein könne. Als ich antwortete, am Heiligabend müsse ich auch arbeiten, fragte sie, auf welchen Tag der denn fiele. «Auf den 24.12.», antwortete ich ganz hilfsbereit.

Beim Obstwiegen im Supermarkt wollte ich erst einen Knoten in die Plastiktüte binden, zögerte dann aber, weil ich dachte: «Mit Knoten wird es schwerer.»

Ich habe heute im Büro gesehen, dass 2016 einige Feiertage auf einen Samstag oder Sonntag fallen, und denke: «Jetzt sag nicht, dass der Karfreitag auch am Wochenende ist.»

Kürzlich bin ich umgezogen, Luftlinie etwa zwei Kilometer weiter. Heute Abend schaue ich in den Sternenhimmel, sehe das Sternbild Orion und denke: «Ach, sieh an, die drei großen Sterne gibt es hier auch.»

Gerade lese ich, dass einige iPhones unbrauchbar werden können, wenn man das Datum auf den 1. Januar 1970 zurückstellt. Dann denke ich: «Moment, gab es im Jahr 1970 überhaupt einen ersten Januar?»

Eine Freundin dachte laut nach: «Raucher leben richtig gesund, die sind immer an der frischen Luft.»

Eine Schulfreundin bekam noch einmal kleinere Geschwister, Zwillinge. Wir unterhielten uns über ihr Sternzeichen. Sie: «Die Zwillinge sind Zwillinge.» Ein Klassenkamerad: «Wie, beide?»

Oberstufe: Ich kann dem Geschichtslehrer leider nicht sagen, welche Parteien im 30-jährigen Krieg gekämpft haben. Und wie lang er gedauert hat, weiß ich auch nicht.

Eine Freundin und ich liegen im Bett, es ist abends, es ist dunkel. Auf einmal hören wir ein lautes Donnern. Ich frage halb schlafend: «Ist heute Silvester?» Meine Freundin antwortet, ebenfalls halb schlafend: «Ich glaube nicht.»

Ob das den Benzinverbrauch senkt, wenn man mit dem Auto in dieselbe Richtung fährt, in die sich der Erdball dreht, anstatt der Erddrehung entgegengesetzt zu fahren?

Eine Kollegin erzählt mir stolz, dass sie es geschafft hat, 60 Minuten am Stück zu joggen. Ich gratuliere und frage, wie lange sie dafür gebraucht hat.

An einem Dienstag nach einem langen Messewochen-ende erzählte ich meiner besten Freundin, dass ich fertig und müde sei, weil ich innerhalb der letzten drei Tage fast 40 Stunden gearbeitet hätte. Ganz erstaunt fragte sie mich: «Pro Tag?»

Meine Schwester und ich sitzen im Auto, ich fahre sie zu einer Party, und sie sprüht noch einmal Haarspray auf ihre Frisur. Danach sage ich: «Jetzt bloß nicht rauchen!», und sie antwortet: «Ist gefährlich und eh schädlich.» Ich antworte: «Ja, Haarspray ist auch schädlich fürs Ozon-loch», und sie sagt: «Stimmt. Aber wie kommt das Ozon-loch eigentlich hier rein?»

Gerade dachte ich: «Gestern um die Zeit war es schon viel später.»

Meine Freundin an einem Freitag, den 13.: «Nächstes Jahr ist ja Schaltjahr, da haben wir Glück! Freitag der 13. fällt dann auf einen Samstag.»

Neulich war ein Freund bei uns, während seine Frau in Australien Urlaub machte. In Australien sollte diese Mondfinsternis zu sehen sein. Bei Facebook hatten wir morgens Fotos davon gesehen, die seine Frau gepostet hatte. Wir haben zu dritt (!) die Zeitverschiebung be-rechnet, um herauszufinden, wann die Mondfinsternis bei uns zu sehen sein muss. Nachts um 10 Uhr haben wir uns dann mit einem Glas Wein vor die Tür gestellt und etwa 15 Minuten lang den Vollmond angestarrt. Immer mit der Frage, ob jemandem schon eine Veränderung aufgefallen war. Als nach einer Weile noch immer nichts zu sehen war, sind wir wieder rein und haben nachgeschlagen, was eigentlich Greenwich Meantime ist. Es hat weitere 30 Minuten gedauert, bis jemandem aufgefallen ist, dass eine Mondfinsternis nur einmal passiert und nicht Stunden später woanders zu sehen ist.

Ich lese «Der Herr der Ringe» und komme zu der Stelle, in welcher der Elb Glorfindel den Hobbit Frodo beim Angriff der Ringgeister rettet. Im Film übernimmt das die Elbin Arwen. Ich überlege mitfühlend, ob Glorfindel wohl sehr traurig darüber war, dass ihm sein großer Auftritt im Film nicht gewährt wurde. Und ob Arwen überhaupt einverstanden mit der Anpassung ihrer Rolle war …?

Ich war mit einer Freundin unterwegs, die gerade in Gedanken ihren Lernplan für die kommenden Wochen durchging.

Sie: «Ich muss 50 Seiten am Tag lernen, um bis zur Prüfung fertig zu werden. Angenommen, ich brauche für jede Seite eine halbe Stunde, dann macht das 25 Stunden am Tag.»

Ich: «Ich glaube, diesen Plan musst du noch einmal überdenken.»

Sie: «Ja, du hast recht. Ich muss ja zwischendurch auch noch eine Pause machen.»

Eine Kollegin erzählt mir, dass sie und eine andere Kollegin am selben Tag Geburtstag haben.

«Ob die beiden wohl jedes Jahr am selben Tag Geburtstag haben?», überlege ich.

Freunde und ich spielen ein Brettspiel. Freund: «Wir spielen im Uhrzeigersinn.» Ich: «In welchem?»

Meine Bekannte fragt, ob wir uns am Ostermontag treffen können. «Welcher Wochentag ist es denn?», frage ich zurück.

Vor einigen Jahren hatten wir einen Auftritt zum 1. Advent. Unsere Leiterin teilte uns mit, dass der erste Advent am letzten Novemberwochenende sei.

Meine Reaktion darauf war: «1. Advent im November? Weihnachten ist aber früh dieses Jahr!»

Unser (männlicher) Praktikant erzählt mir gerade, dass er eine Zwillingsschwester habe. Frage von mir: «Eineiig oder zweieiig?»

Mein Freund und ich sitzen abends auf der Couch und schauen Fernsehen. Plötzlich sagt er: «Es regnet.» Ich frage: «Wo?» Er: «Draußen.»

Gestern war der 15.5.15. Deshalb muss heute der 16.6.16 sein.

Der Sommer in Hamburg: Zeit, um die Nächte draußen zu verbringen. Zusammen mit einer guten Freundin lag ich unter freiem Himmel und schaute in die Sterne. Nach fünf Minuten des Schweigens eine neue Erkenntnis: «Ey! Immer wenn du drei Sterne miteinander verbindest, bekommst du ein Dreieck! Hat das schon jemand erforscht? Was es nicht alles gibt.»

Vor ein paar Wochen bestellte ich nahezu zeitgleich in Japan und in den USA Teile.

Nun kam das erste Paket an – und zwar das aus Japan.

Während ich also gedankenverloren die Verpackung öffnete, dachte ich mäßig konzentriert darüber nach, warum diese Lieferung wohl zuerst eintraf.

Plötzlich fiel es mir wie Schuppen von den Augen, die Lösung war doch klar: Die Japaner hatten natürlich einen Vorteil, bei denen ging die Bestellung durch die Zeitverschiebung ja schon 16 Stunden früher ein!

Bei einer Diskussion mit einer Freundin über «Jungfernhäutchen» sagte ich etwas gedankenverloren: «Na ja, spätestens bei einer Geburt reißt es ja definitiv ein!»

Heute nach dem Duschen aus dem Badezimmerfenster aufs Außenthermometer geschaut, ob ich noch genug Zeit hab, vor der Arbeit mit dem Hund rauszugehen.

Ich bin eine absolute Null, wenn es darum geht, mir Namen, Zahlen und Daten zu merken, und bekam einen

Riesenschreck, als mir klar wurde, dass ich mich an das Geburtsdatum meiner Schwester nicht erinnern konnte. Ich kann doch meine eigene Schwester nicht fragen, wann sie denn auf die Welt gekommen ist! Oberpeinlich!

Einen Wimpernschlag später dann die Erleichterung: Meine Schwester und ich sind Zwillinge.

Denke darüber nach, dass manche ja erst nach der Eheschließung Sex haben wollen, und frage mich, ob es auch Leute gibt, die erst nach dem ersten gemeinsamen Kind Geschlechtsverkehr haben wollen.

Ich stehe bei Aldi an der Kasse, vor mir bezahlt eine Frau ihren Einkauf, die einer Bekannten ähnlich sieht und vom Alter her auch ihre Mutter sein könnte.

Ich nehme mir vor, die Bekannte bei nächster Gelegenheit zu fragen, ob sie eine Mutter hat.

Wir haben einen wirklich dringenden und wichtigen Termin, und wir sind extrem knapp dran – da sagt mein Partner im Moment des Aufbruchs: «Sorry, aber ich muss jetzt echt noch mal auf Klo!»

Ich bin erst genervt und denke dann: «Macht nichts, ich geh schon mal raus und schließe die Wohnungstür ab, dann haben wir ein paar Sekunden gespart.»

Bin auf der Autobahn unterwegs und sehe den wunderschönen Sonnenaufgang. Eine große, orangefarbene Scheibe. Direkt vor mir. «Das muss ich festhalten», denke ich und zücke mein Handy. Und wie ich so versuche, die Sonne zu fotografieren, kommt mir in den Sinn: «Warte! Fahr näher ran, dann wird sie noch viel größer!»

Ich war gestern beim Einkaufen. Als ich an der Kasse stand, kam ein junges Paar mit einem Baby herein. Das Baby sah noch sehr «frisch» aus und die Frau dazu war sehr schlank. Also dachte ich: «Wow, nach der Geburt schon so schlank.» Dann streifte mein Blick den dazugehörigen, etwas fülligeren Mann, und ich dachte: «Ach, vielleicht hat ER ja das Kind geboren.»

Ich höre gerade im Radio: «Auf dem Mars wurde flüssiges Wasser entdeckt.» – Und denke, jetzt ist der Klimawandel auch dort angekommen.

Eben auf Facebook: ein Link zu einem Artikel über unser Sonnensystem. Die Kurzbeschreibung beginnt mit: «Mein Vater erklärt mir jeden Sonntag unsere neun Planeten. Seitdem Pluto sich nur noch Zwergplanet nennen darf, funktioniert die Eselsbrücke zum Sonnensystem nicht mehr.» Ich stutzte und dachte mir: «Was für ein Blödsinn! Wer braucht denn bitte noch eine Eselsbrücke, wenn Papi einmal wöchentlich alles so schön erklärt? Das sollte man sich dann doch nun wirklich merken können.»

Für August wurde die Sternschnuppennacht angekündigt. Gegen 23.30 Uhr stellte ich fest, dass es draußen stockduster war – so dunkel, dass ich selbst mein Auto auf dem Parkplatz 5 Meter entfernt nicht mehr erkennen konnte. Irgendwann fiel mir dann auf, dass sämtliche Straßenlaternen aus waren, und ich dachte, dass das ja total nett ist, dass die es extra dunkel gemacht haben, damit man später die Sternschnuppen besser sehen kann, aber gleichzeitig machte ich mir Sorgen, dass irgendwelche Kriminellen sich diese Dunkelheit zunutze machen, um Autos – z. B. meins – zu knacken etc. Also rief ich bei der Polizei an und äußerte meine Bedenken. Der diensthabende Polizist war sehr amüsiert und erklärte, dass diese Dunkelheit nichts mit dem Sternschnuppenregen zu tun habe, sondern wohl eher einem technischen Defekt zuzuschreiben sei, und er veranlassen würde, dass dieser schnellstmöglich behoben werde.

Nach Umstellung aller Uhren habe ich noch versucht, die Eieruhr umzustellen.

Es ist St. Martin, und ich frage mich: Ist Martin Luther heiliggesprochen worden?

Es ist Silvester, ich habe mich ziemlich schnell ziemlich gut betrunken und werde zum Ausnüchtern nach draußen gesetzt. Ich sitze also und schaue in den Sternenhimmel und denke: «Wie gut, dass ich den Himmel sehen kann, dann weiß ich, dass ich noch auf der Erde bin.» Allerdings fällt mir dann ein: «Sieht man nicht von jedem Planeten im Universum aus Sternenhimmel, wenn man nachts hochschaut?» Ich versuche also, «erdtypische»

Sternbilder zu erkennen, großer Wagen, kleiner Wagen, Orion oder so, kann aber in meinem Rausch nichts finden und frage panisch meinen Begleiter: «Bin ich noch auf der Erde oder bin ich auf dem Pluto?!»

Die Oma meiner Frau sagte bei ihrem ersten Besuch zu mir: «Hat deine Mutter eigentlich auch Kinder?»

Eines Abends mit meinem damaligen Partner im Auto auf der Rückfahrt nach Hause war vor uns der helle und wunderschöne Vollmond zu sehen. Ich – mit immerhin 28 Jahren: «Boah, sag mal, wie leuchtet der Mond noch mal so extrem, was war da gleich drin?»

Beim Anblick des Adventskalenders völlig schlaftrunken gewundert, wieso da nur 24 Türchen sind, wo der Monat doch 31 Tage hat.

Stehe gedankenverloren vorm Kalender und denke: «Ach schau an, am 25. ist Weihnachten.»

Kurz vor Mitternacht machen wir uns bereit fürs Anstoßen zum Jahresbeginn. Ich sitze noch auf dem Sofa, von dem aus ich durch die Fernsehprogramme schalte. Da die genaue Uhrzeit wichtig erscheint, sage ich zu meinem Freund: «Ich schalte jetzt einmal auf die Zeitanzeige, ich glaube, ich nehme» – schalte auf das zweite Programm – «Februar!»

Ein Freund schreibt mir bei WhatsApp.

Er: «Hast du jetzt Zeit?»

Ich: «Klar! Wann denn?»

Ich möchte ausrechnen, wie alt meine Schwiegermutter ist, und frage meine Frau: «Wie alt warst du bei deiner Geburt?»

ERFINDERISCHE SCHAFE

Mein Mann und ich fachsimpeln über Burger, welcher am besten schmeckt, mit oder ohne Käse, Steak oder Hackbratling, welche Soße usw. Auf einmal kommt mir eine geniale Idee für eine neue Burgerkreation, die ich mir am liebsten direkt patentieren lassen will: der Gyros-Burger! Einfach ein Brötchen, idealerweise Fladenbrot, Gyros drauf, Tsatsiki als Soße, bisschen Salat dazu – fertig ist die neue Delikatesse! Dass vor mir noch niemand auf diese geniale Idee gekommen ist.

Letzten Sommer war ich eine Woche in Ägypten zum Schnorcheln. Ein toller Urlaub, nur das ständige Beschlagen der Taucherbrille störte mich.

Über Ostern ging ich dann ein paar Tage Skifahren im Allgäu, natürlich ausgerüstet mit Helm und Skibrille. Irgendwann fiel mir auf, dass die Skibrille überhaupt nicht beschlägt, weil sie ja «Luftlöcher» hat, und ich stellte mir für einen kurzen Augenblick die Frage, warum man das bei Taucherbrillen nicht auch so einrichten kann.

Ich steh am Spülbecken und spüle das Futterschüsselchen meiner Katze, während ich mich frage, warum es keine Maschine gibt, die einem diese Arbeit abnimmt.

Ich stehe neulich mit einem Automatik-Auto am Berg und warte auf jemanden. Ich habe den Wagen auf P (Parken) stehen, trete aber sicherheitshalber auf die Bremse und denk mir: «Mann, ist das doof. Man sollte etwas erfinden, damit das Auto nicht einfach wegrollt.»

Mit den Kindern (zwei und drei Jahre alt) zu Fuß unterwegs. Der Kleine verliert die Lust am Laufen und muss bockig nach Hause getragen werden. Der wütende 15-Kilo-Brocken ist ganz schön schwer, sodass ich überlege: «Es müsste jemand was erfinden, damit ich ihn unterwegs nicht auf dem Arm halten muss.»

Es müsste Erdnussbutter auch in fester Form und zum Knabbern geben.

Spontan fiel mir ein, dass ich mal den Backofen reinigen könnte. Während ich vor mich hin schrubbe, denke ich mir, dass es sehr praktisch wäre, wenn es Licht im Backofen gäbe, dann würde ich auch etwas sehen.

Ich trage das Geschirr, das sich im Laufe des Nachmittags in meinem Zimmer gesammelt hat, zurück in die Küche. Unter anderem einen kleinen Teller und eine Tasse. Denke mir: «Mensch ist das praktisch, dass die Tasse genau in die kleine runde Kule vom Teller passt. Den könnte man ja glatt als Untersetzer für die Tasse verwenden!» Ist ja auch eine Untertasse.

Die ersten Blumen sprießen, die Vögel zwitschern, die Sonne scheint. Der Frühling naht und ich denke, dass es doch eigentlich ein Fest geben müsste, mit dem wir das Wiedererwachen der Natur feiern.

WILDE SCHAFE

Ein Rollstuhlfahrer fährt in die U-Bahn, und ich verspüre den kurzen Impuls, ihm meinen Platz anzubieten.

Seit meiner Heirat trage ich einen etwas komplizierten Nachnamen. Dass ihn die allermeisten Leute falsch schreiben, ärgert mich immer weniger; eher freue ich mich darüber, wenn mal jemand so aufmerksam war, den Namen richtig zu schreiben. Gestern habe ich ganz gerührt festgestellt, dass auch mein Mann meinen Namen richtig geschrieben hat.

Eine Bekannte schrieb, dass sie nun, durch das Hörgerät, wieder hört.

«Au», antworte ich, «ich muss jetzt aufpassen, was ich schreibe, wenn du wieder alles hörst!»

Ich habe gerade in der S-Bahn eine Frau gesehen, die den gleichen Mantel wie ich getragen hat. Sie war größer und weitaus schlanker. Ich überlegte mir, dass ich über den Winter ganz schön zulegt hatte und ob, wenn ich wieder mal abnehme, ich es auf eine ähnliche GRÖSSE wie sie schaffen würde. Dann dachte ich, dass das ja auch doof sei, weil der Mantel dann zwar besser sitzen würde, aber all meine Hosen zu kurz wären. Also beschloss ich, lieber nicht abzunehmen.

Morgens in den Fahrstuhl einsteigen und denken: «Hoffentlich kontrollieren sie heute nicht, ich hab ja gar kein Ticket!»

Leser auf stern.de: «Eine syrische Mutter und deren drei Kinder sollen momentan bei Connor, ihrem Lebensgefährten Florian Fischer und den Kindern Tyler, elf, Summer, neun, und Delphine, vier, leben.» Frage mich, wer seine Kinder Elf, Neun und Vier nennt.

Todlangweilige Projektarbeit zum Thema Sucht, Klassenkameraden tragen über Magersucht vor. Jeder muss den Referenten eine Frage stellen. Ich leiste im Dämmerschlaf meinen Beitrag zur Diskussion: «Also das sind jetzt die Statistiken von Europa, aber wie ist das zum Beispiel in Afrika?»

Eine Freundin hat bei mir in der Nachbarschaft ein kleines Maler-Atelier gemietet, das im Hochparterre zum

Hinterhof liegt. Leider ist es etwas dunkel, und das ver-
staubte Fenster macht die Sicht auch nicht besser. Ich beschließe also, ihr einen Gefallen zu tun und das Fenster
zu putzen. Voller Eifer schleppe ich meine 3 Meter hohe
Leiter von meiner Wohnung (3. Stock, kein Lift) ein paar
Straßen weiter in diesen Hinterhof und denke, während
ich das Fenster von außen putze, noch darüber nach, was
für ein Glück es ist, dass ich irgendwann mal diese hohe
Leiter gekauft habe, denn sonst käme ich ja gar nicht an
das Fenster heran. Als ich es etwas später dann von innen
putze, fällt mir auf, dass ich es ja vielleicht auch einfach
hätte aufmachen können, um an die Außenseite zu ge-
langen.

Ich habe einen Wecker und als Weckmelodie Vogelgezwitscher.
   Morgens wache ich auf, es zwitschert. Zeit aufzuste-
hen! Ich versuche im Halbschlaf vergeblich, den Wecker
abzustellen! Nach einer Weile dämmert es mir: Die Vögel sind echt, und es ist noch viel zu früh zum Aufstehen.

Das Sekundenschaf «Vogelgezwitscher» ist mir genau
andersherum passiert.
   Ich wache gewöhnlich etwas vor dem Weckerklingeln
auf, stelle diesen dann aus und genieße es, an meinem
Laptop die Nachrichten zu lesen.
   An einem sonnigen Mai-Morgen hatte ich dabei die
Fenster weit auf und war herrlich entspannt – wären da
nicht so doofe Vögel vor meinem Fenster gewesen, die

echt laut und nervig waren und gar nicht aufhörten zu zwitschern. Als sie immer lauter wurden, schloss ich das Fenster – um festzustellen, dass das Geräusch nicht weg war. Ach ja: Mein Wecker weckt mich ja auch mit Vogelgezwitscher.

Da ich wegen Atemschwierigkeiten nur sehr kurze Strecken zu Fuß gehen kann, benutze ich unterwegs einen Elektro-Rollstuhl. Als der Motor einmal in Reparatur war, musste meine Tochter schieben. Dann war wieder alles in Ordnung, ich konnte selber fahren. Als wir zu einer Steigung kamen, stand ich auf, damit sie es beim Hinaufschieben leichter hat.

Ich habe meine Bankkarte in den Bergen verloren und will sie sperren lassen. Bevor ich bei der Bank anrufe, denke ich: «Die wollen doch bestimmt die Kartennummer wissen», und suche im Portemonnaie nach der Karte, um die Nummer zur Hand zu haben.

Habe neulich überlegt, ob ich meine Filzuntersetzer wohl in der Maschine waschen kann. Ich kam zu dem Schluss: Nee, lieber nicht. Nicht dass die verfilzen.

Ich habe vor kurzem einen Japaner, der in Düsseldorf lebt, per Online-Dating kennengelernt. Während ich auf seine Nachricht wartete, beruhigte ich mich damit, dass es jetzt in Japan ja schon mitten in der Nacht sei.

Meine Mutter blätterte vor ein paar Jahren in einem Magazin und las einen Bericht über Ägypten und Mumien. Als sie das Foto einer Mumie sah, entfuhr ihr, halb fassungslos, halb neidisch: «Mein Gott, waren die damals DÜNN!»

Im Radio kommt ein Beitrag zum Bachfest in Leipzig. Ich denke: «Schön, aber was für ein bekannter Bach fließt denn durch Leipzig?»

Ich schaue auf meine Digitaluhr und denke: «Oh, sie ist kaputt!» Denn sie zeigt nur Strichlein. Aber es war eben gerade 11.11 Uhr.

Ich lese die Überschrift «Glyphosat im Urin» und bin erst einmal entspannt, weil ich mir denke, dass ich ja eh nie auf die Idee käme, meinen Urin zu trinken.

Nachdem ich meine Zähne am Abend geputzt hatte, wollte ich noch meinen Mund am laufenden Wasserhahn ausspülen. Ich merkte, dass das Wasser recht heiß war, und habe instinktiv gepustet, damit es kälter wird.

Ich stehe mit meiner Frau am Märchenbrunnen. Eine Touristenfamilie bittet meine Frau, sie vor dem Brunnen zu fotografieren. Ich denke: «Vielleicht sollte ich besser fotografieren, dann kann meine Frau mit auf das Bild.»

Ich (weiblich) sehe im Pkw neben mir an der Ampel einen recht adretten Mann. Er hat einen schicken kleinen Bart. Gedankenverloren denke ich: «Och, so einen Bart könnte ich mir auch mal stehen lassen.»

Auf der Rolltreppe nach oben (und mit schlechtem Gewissen, nicht die Treppe genommen zu haben) beobachtete ich die, die die benachbarte Treppe nach unten gegangen sind. Dann kam mir der erleichternde Gedanke: «Du hättest die Treppe ja gar nicht nehmen können, die geht ja nur nach unten.»

Ich sitze in der Straßenbahn, gegen die Fahrtrichtung. Die Bahn fährt los, und ich denke: «Stopp, falsche Richtung.»

Ankunft am Hauptbahnhof, große Reklametafel: «Grünes Leihhäuser». Und ich frage mich: «Wer um alles in der Welt leiht sich denn ein Haus?»

Wenn die Frau während der Autofahrt sagt: «Du fährst wie ein Irrer!», und man dann antwortet: «Ach Quatsch, Du müsstest mal dabei sein, wenn ich alleine fahre.»

War neulich mit einem Kumpel unterwegs. Wir sehen ein Schild, das zu einem FKK-Strand weist. Er fragt: «Wollen wir?», und ich überlege mir, dass ich ja gar keine Badesachen mithabe.

Ich hab die Facebook-Seite meines Freundes angeschaut. Als ich seinen Beziehungsstatus «vergeben» sah, hab ich mir gedacht: «Ach, er hat anscheinend eine Freundin.»

Für meine 3. Klasse hatte ich ein Dinosaurier-Memory heruntergeladen. Als ich es mir genauer anschaute, dachte ich: «Was soll denn das für ein Memory sein, wenn jedes Bild nur einmal vorkommt?» Im nächsten Moment fiel mein Blick auf die Fußzeile, in der stand: «Zweimal ausdrucken.»

Ich bekomme jede Woche Wandervorschläge, u. a. den MTB Single Trail!
Woher wissen die, dass ich Single bin?

Ich dachte eben, als ich meine Brille gesucht habe: «Wenn ich meine Brille aufsetze, finde ich sie bestimmt schneller!»

Eine Kundin kauft bei uns eine Ansichtskarte: «Vier von drei Deutschen können nicht rechnen.» Die Kundin kichert, und ich denke: «Was ist daran denn witzig?»

Ich räume die neuen Mülltüten nach unten. Schließlich müssen die alten zuerst verbraucht werden.

Meine Freundin guckt gerade Kosmetikartikel auf dem Handy an und meint plötzlich: «Oahr, guck mal, das riecht bestimmt auch ganz toll!», und hält mir das Handy hin. Ich versuche, daran zu riechen.

Ich lese Hotelbewertungen. Da ich im September (2015) verreisen möchte, interessieren mich besonders die Bewertungen für diesen Monat. Ich suche herum, wundere mich, warum es keine neuen von September 2015 gibt.

Vor vielen Jahren in Südfrankreich, bei einem Zwischenstopp auf der Reise in den Familien-Sommerurlaub. Mein Bruder und ich liegen am späten Abend im Hotelzimmer in unseren Betten. Es ist heiß, das Fenster steht offen, draußen zirpen laut die Grillen.
    Ich: «Hör mal, die Grillen.»
    Mein Bruder: «Wer grillt?»

Ich sehe die ganzen Leute im Park grillen und sage zu meiner Freundin: «Das müssten wir auch mal machen. Aber wo kriegen die bloß den Strom her?»

Für eine Arbeitspräsentation habe ich am Computer verschiedene Kreise mit Pfeilen, die jeweils in eine andere Richtung zeigen, erstellt. Ich habe fleißig gespeichert: «Pfeil oben», «Pfeil unten», «Pfeil rechts», «Pfeil links». Ich sorge mich, ob mein Kollege, der von seinem Rechner aus drucken wird, versteht, dass ich jeweils eine andere Anzahl an Ausdrucken benötige. Dann fällt mir ein, dass ich die Kreise ausschneiden werde und sie drehen kann.

Ich bringe Plastikmüll weg und denke beim Reinschmeißen kurz darüber nach, ob ich den Metzgermüll von meinem Vegetarierkrams trennen sollte.

Bevor ich wegen eines wichtigen Telefonats zum Hörer greife, renne ich schnell ins Bad, um einen kritischen Blick in den Spiegel zu werfen. Ich will am Telefon ordentlich und gepflegt aussehen!

Als der Euro eingeführt wurde, standen für eine Weile ja in allen Läden und Cafés immer alle Preise in DM und Euro, um den Übergang und das Gewöhnen an die neue Währung zu vereinfachen.

Eines Morgens ging ich schwimmen, zog meine Bahnen durch das Bad, und als mein Blick beim Luftholen auf das Schild am Beckenrand fiel (Beckentiefe 2,30 Meter), überlegte ich für eine Sekunde, wie viel das nun in Euro ist.

Jahrelang habe ich mich bei Fahrten über Autobahnen und Landstraßen beim Anblick der Kreuze, Kerzen und Blumen am Straßenrand gefragt, warum die eigentlich alle am Straßenrand gestorben sind.

Mein Mann hat ein neues Hobby – Kutschieren!
Auf dem ersten Foto, das ich bei Facebook einstellte, hielt er die Fahrleinen nicht so, wie das auf Fahrkursen (Fahrmethode nach Herrn Achenbach) gelehrt wird. Kommentiert eine Freundin: «Du fährst aber nicht nach Achenbach?» Darauf mein Mann: «Nee, nach Heiligkreuzsteinach!»

Heute wurde der Müll abgeholt. Neben der Mülltonne hatten wir noch einen roten Sack zur Abholung bereitgestellt. Mein Mann schaut aus dem Fenster und ruft empört: «So was! Den Müllsack haben sie abgeholt, aber die Tonne stehen gelassen!»

Auf unserem Balkon möchte ich ein Foto vom Vollmond machen. Stativ, Kamera und eine Belichtungszeit von drei Sekunden sind eingerichtet. Mein Mann und meine Mutter sitzen neben mir, und mein Mann erzählt von einem Festival, das wir unbedingt besuchen müssen. Ich drücke den Auslöser – und plötzlich wird es ganz still. Drei Sekunden lang. Die Blende schließt sich wieder mit einem leisen Klick. «Ich dachte irgendwie, ich muss aufhören zu reden, solange die Aufnahme läuft», sagt mein Mann verdutzt. Meine Mutter lacht auf: «Und ich habe die Luft angehalten.»

Gewundert, dass beim Wäscheabnehmen der Klammerbeutel voller wird.

Gerade am See in Brandenburg. 37 Grad. Mein Mann geht schwimmen. Er bleibt länger weg als erwartet. Ich ruf schnell auf dem Handy an, um zu fragen, ob alles o. k. ist.

Briefe aus dem Briefkasten geholt. Die Umschläge waren leicht feucht, die Schrift verlaufen. «Na», denk ich mir, «macht nichts, wasche ich die gleich mal mit, wenn ich

schon dabei bin, und hänge sie dann draußen zum Trocknen auf.»

Nach der Arbeit will ich noch schnell mein Make-up
überprüfen, hebe die Hand und starre sekundenlang in
die Handfläche, bis mir auffällt, dass das kein Spiegel ist.

Stehe im Bad, wundere mich kurz, dass der Waschlappen
weg ist. Ach ja, ich hab ihn ja heute gewaschen und zum
Trocknen aufgehängt. Also hin zum Wäscheständer und
den Waschlappen holen. «Mist», denke ich, als ich ihn
abnehmen will, «der ist ja noch nicht trocken.»

Ich will Geschirr abspülen und lasse dafür Wasser ins
Spülbecken laufen. Als das Becken fast voll ist, lässt sich
der Wasserhahn nicht mehr zudrehen. Es wird voller und
voller, ist kurz vorm Überlaufen. Voller Panik rufe ich
meinen Vater, der Klempner ist, an. Seine einfache Antwort: «Erst mal den Stöpsel ziehen!»

Ich hatte mein Glas Mineralwasser auf dem Nachttisch
noch nicht ausgetrunken, war aber zu müde, um weiter
zu trinken. Das Geräusch der aufsteigenden Kohlensäure
kam mir beim Einschlafen überlaut vor.
    Ich musste in der Nacht super durchgeschlafen haben,
denn das Nächste, was ich wahrnahm, war mein Wecker,
der klingelte. Wutentbrannt dachte ich: «Blödes lautes
Mineralwasser, jetzt weckt es mich auch noch!», und
drückte auf dem Glas herum, um es auszuschalten.

Wenn das T-Shirt nur bei 30 Grad gewaschen werden darf, kann man es dann bei 38 Grad in die Sonne hängen?

Ich überweise meiner Frau von meinem Konto bei der Sparkasse Geld auf ihr Konto bei der Postbank. Von da überträgt sie es auf ihr Sparkonto. Ich denke: «Das tut doch dem Geld bestimmt nicht gut, wenn man es die ganze Zeit hin und her überweist.»

Beim Staubsaugen ist mir, als ich gerade den Düsenaufsatz abgenommen hatte, um nur mit dem Rohr den Staub aus den Ecken zu saugen, die Gardine ins Rohr geraten und hat sich «festgesaugt». Ich zerre sie aus dem Rohr, während der Staubsauger noch läuft, und denke dabei: «Schnell, beeil dich, der kann ja gar nicht atmen, wenn das Rohr verstopft ist!»

In der einen Hand das Telefon, in der anderen einen Schokokuss.
Telefon klingelt.
10 Minuten später immer noch den Schaumzucker aus dem Ohr gekratzt.

Bin schon öfter nach dem Niesen, wenn keine Reaktion vom Umfeld kam, so irritiert gewesen, dass ich selbst laut «Gesundheit!» in den Raum gerufen habe.

Auch schön ist es, wenn man niest, noch niemand «Gesundheit» gewünscht hat, man aber trotzdem laut «Danke schön» in den Raum ruft.

Nach einer langen Nacht stehen mein Kumpel und ich auf dem Balkon, um eine zu rauchen. Als uns gerade der kalte Wind um die Ohren weht, sage ich zu meinem Kumpel: «Mach bitte die Tür zu, mir ist kalt.» Er schloss die Balkontür.

Gestern dachte ich, morgen am Mittwoch kaufe ich eine Tageszeitung. Aber eigentlich könnte ich die Mittwochzeitung ja schon heute (Dienstag) kaufen.

Ich habe einen relativ alten Mann geheiratet. Irgendwann stellte meine Tochter fest: «Mein Vater ist älter als deiner.» Ich konterte: «Aber dafür ist meine Mutter älter als deine, ein Glück.»

Sitze im viel zu warmen Arbeitszimmer. Ein Tischlüfter lässt die losen Zettel vor mir immer aufgeregt herumflattern. Habe nichts zum Drauflegen, um die Blätter zu beschweren oder zusammenzuheften. Man bräuchte einen zweiten Lüfter, der in die Gegenrichtung pustet, dann würden sich die Luftströme gegenseitig aufheben, und das Papier würde nicht so herumgewedelt werden.

Besorgt gefragt, ob es im Kühlschrank nicht zu heiß wird, wenn da Tag und Nacht das Licht drin brennt.

Ich sollte für meine Mutter etwas bei einer Bekannten von ihr abgeben. Anstatt meinen Namen oder den meiner Mutter zu nennen, stellte ich mich mit «Ich bin die Tochter meiner Mutter» vor.

Ich war letztens den ganzen Tag mit einer Freundin unterwegs, und uns taten schon die Füße weh vom vielen Laufen. Als wir kurz verschnauften, fragte sie mich: «Trägst du mich weiter?», und ich sagte: «Okay, aber dann musst du meine Tasche tragen, die ist so schwer.»

Ich gehe mit einer Freundin durch die Stadt. Spazieren. Zu Fuß. Wir laufen durch eine Baustelle und besprechen, dass wir nach links gehen möchten, und ich sehe ein Baustellenschild, das ausschließlich Rechtsabbiegen vorschreibt, und denke: «Mist, wir dürfen hier gar nicht links abbiegen!»

Nach einigen Semestern Mathematikstudium schreibe ich in einer Vorlesung mit und frage an einer Stelle nach kurzem Nachdenken meinen Sitznachbarn: «Was soll denn das umgedrehte Epsilon da?» Dann bekomme ich die Antwort: «Das ist eine 3.»

Spätabends, Brille abgesetzt, Gesicht gewaschen, ins Auge fassen, um die Kontaktlinse zu entfernen. «Mist, warum geht das nur so schwer heute, egal wie sehr ich drücke?»

Ich kaufe mir eine Zeitschrift, die ich früher mal aboniert hatte, jetzt aber nur noch ab und zu lese. Die kam früher pünktlich und regelmäßig per Post und hatte einen Adressaufkleber mit meinem Namen und Adresse hintendrauf. Jetzt steh ich im Zeitschriftenladen, sehe

10 Exemplare dieser Zeitschrift zum Verkauf vor mir und suche ein Exemplar, das hintendrauf meinen Namen und meine Adresse hat.

Mein Freund sagt zu mir: «Schatz, sollen wir Holz mit zum Campen nehmen?»

Und ich antworte: «Wieso, was willst du denn verbrennen?»

Mitten in der Nacht weckt mich ein lautes Geräusch im Untergeschoss. Erschrocken überlege ich, ob es sich um einen Einbrecher handeln könnte.

Ich blicke auf die Uhr, die 4.10 Uhr anzeigt. «Ach gut», denke ich. «Um 4.10 Uhr bricht keiner mehr ein.» Danach schlafe ich beruhigt wieder ein.

Mein Kollege fragt mich, ob ich denn nun schon jemanden gefunden hätte, mit dem ich mein Haus bauen will. Ich schaue irritiert auf meinen Verlobungsring, erinnere mich, dass ich dem Kollegen schon vor Monaten erzählt hab, dass ich verlobt bin, und stottere: «Ja, also … eigentlich schon!» Er grinst nur und sagt dann: «Eigentlich meinte ich, ob Sie schon eine Baufirma gefunden haben!»

Ich fahre morgens mit meinem Kollegen mit dem Auto zur Arbeit. An einer roten Ampel steht vor uns ein Transporter mit der Aufschrift «Firma XY Maler- und Putzarbeiten». Mein Kollege fragt mich ganz verwundert: «Was hat denn Malen mit Putzen zu tun?»

Ich war alleine zu Hause, als es klingelte und der Postbote ein Päckchen für meinen nicht anwesenden Mitbewohner dabeihatte. Ich erklärte, ich könne es aber gerne für ihn annehmen, woraufhin er mich fragte: «Okay, Sie sind die Frau?» Ein bisschen verwundert, aber selbstverständlich antworte ich: «Nein, nur die Mitbewohnerin!»

Als er dann grinste und mich bat, mit meinem Namen zu unterschreiben, fiel mir dann auch auf, dass er eigentlich meinen Nachnamen hatte wissen wollen.

Ich habe mich letztens im Hochhaus gefragt, warum denn dieser doofe Aufzug einen Knopf hat für das Stockwerk, auf dem ich sowieso schon bin.

Ich öffne die Lotto-Homepage auf meinem Handy, um die Lottozahlen zu vergleichen. Während die Seite lädt, schaue ich auf meinen Schein und freue mich von Zahl zu Zahl mehr: DAS SIND JA MEINE ZAHLEN! Das Herz klopft wild.

Dann die Erleuchtung: Diese muss ich jetzt doch noch mit den gezogenen Lotto-Zahlen abgleichen. Natürlich nichts gewonnen.

Shoppingnachmittag! Ich laufe beladen mit Klamotten Richtung Umkleidekabinen, als ich plötzlich mit einer Person zusammenstoße. Ich entschuldige mich schnell und merke im nächsten Moment, dass ich gegen einen Spiegel gelaufen bin.

Mit Freunden im Schwimmbad. Wir reden über Religion und ich erwähne, dass ich sehr religionskritisch einge- stellt bin und mich viel mit dem Thema befasse. Meine Handtuchnachbarin fragt mich, ob ich trotzdem einer Konfession angehöre. Ich sofort: «Nein, ich bin Protestantin!»

Ich dachte gerade eben: «Lass die Tür von der Küche zur Terrasse offen, damit unser Außenfrühstücksplatz wärmer wird.»

Derzeit wird das Mehrfamilienhaus, in dem ich wohne, renoviert. Vor einigen Tagen kam ich, recht kaputt und müde, von der Arbeit, wollte die Haustür aufschließen. Da war kein Schlüsselloch mehr. Stand ich vor der falschen Tür? Drei Schritte zurück, jawoll, Haus stimmt, ach, da wurde über den Tag die Haustür ausgewechselt bzw. der komplette Rahmen im Eingangsbereich. Also, auch neue Briefkästen. Ich stöhnte auf. Wie vielen Leuten muss ich denn jetzt die neue Adresse mitteilen?

Meine Nachbarn und ich haben jeweils Schlüssel vom anderen. Falls man sich mal aussperrt. Neulich steht die Tochter der Nachbarn vor meiner Tür, weil sie ihren Schlüssel vergessen hat. Ich reiche ihr den Ersatzschlüssel und gebe ihr noch einen gutgemeinten Tipp mit auf den Weg: «Ihr habt ja auch einen Schlüssel von mir. Da kannst du dann, auch wenn ich nicht da bin, einfach zu mir rein und dir euren Schlüssel holen!»

Wir (12 Personen) waren eines Abends in einem Pub. Als ich die Toilette aufsuchte, fiel mir auf, dass direkt davor eine etwas seltsam aussehende Weltkarte hing.

Bei näherem Studieren derselbigen, konnte ich nicht im Geringsten herausfinden, aus welcher Epoche diese Weltkarte denn stammen sollte.

Je länger ich dort stand, desto mehr meiner Freunde gesellten sich zu mir, und wir führten wilde Diskussionen über Kriegsverläufe, Eroberungen und sonstige geschichtliche Ereignisse, die Ländernamen wie «Südeuropa» und «Nordwestafrika» erklären könnten.

Nach etwa 20 Minuten wilden Streitens kommt jemand zu uns, guckt uns mitleidig an und meint: «Leute, das ist ein Risiko-Spielbrett.» (Wer's nicht kennt, ein Spiel, in dem man Länder erobert usw. mit einer sehr grob dargestellten Weltkarte als Brett.)

Ein Kumpel beichtete mir kürzlich Folgendes: Immer wenn er nach durchzechten Nächten zu Hause aufwacht, prüft er als Erstes panisch nach, ob er auch seinen Schlüssel nicht verloren hat.

Vor ein paar Wochen wollte ich mein Auto auf einem 1-Euro-Parkplatz abstellen. Leider stand auf dem Parkautomaten «Automat gibt kein Wechselgeld», und ich hatte nur ein 2-Euro-Stück. Also fragte ich den netten Mann hinter mir, ob er mir wohl mein 2-Euro-Stück wechseln könnte. Er gab mir vier 50-Cent-Stücke. Und ich warf einfach alle vier 50-Cent-Stücke in den Automaten.

Ich möchte am Morgen früh laufen gehen und meinen Schlüssel nicht mitnehmen. Er stört immer irgendwie und daher sage ich zu meinem Freund: «Sieh bitte zu, dass morgen zwischen 6.30 und 7.30 Uhr einer von uns beiden im Haus ist, damit ich nach dem Laufen auch reinkomme.»

Ich löse Kreuzworträtsel. Entfernung der Barthaare mit 5 Buchstaben. Ich komm und komm nicht drauf. Verzweifelt frage ich meinen Mann: «Schatz, wie bezeichnet man die Entfernung zwischen den einzelnen Barthaaren? Zentimeter und Millimeter passen nicht, gibt es eine spezielle Einheit hierfür? Du bist der Mann und musst es ja wissen.» Er schaut mich an, lächelt und sagt trocken: «Rasur.»

Ich lese den Beitrag mit den Barthaaren.
    Ich: «Trockenrasur hat aber mehr als 5 Buchstaben.»

Ich telefonierte mit einer Freundin und starrte dabei auf den Regler der Heizung, der zwischen 4 und 5 stand. Irgendwann erklärte ich ihr, dass ich so langsam mal los müsse, es sei ja schon halb 5.

Wenn ich Hausarbeiten für die Uni schreibe, habe ich dabei meistens ein Wortzahl-Limit. Obwohl ich anfangs jedes Mal denke: «Das krieg ich nie voll!», endet es des Öfteren dann damit, dass ich das Limit stattdessen überschreite. Dann heißt es: kürzen, kürzen, kürzen.

Dabei ertappe ich mich immer wieder dabei, dass ich lange Wörter durch kurze ersetze, bis mir auffällt, dass ein Wort ein Wort bleibt, egal ob es drei oder dreizehn Buchstaben hat.

Ich brauche Passbilder. Vorher feile ich die Fingernägel in Form.

Ich habe mich mit meiner Freundin getroffen. Wir haben uns lange nicht gesehen. Sie trug am linken Arm einen Gips. Später erzählte sie mir, dass sie ein neues Tattoo habe, dies sei nun aber leider unter dem Gips versteckt. Kurz dachte ich: «Hätten sie den Gips nicht einfach an die andere Hand machen können?»

Beinahe beiläufig mischte sich bei meiner 18-jährigen Tochter und mir (38) das Thema Unterwäsche ins Gespräch, und ich sagte ihr, dass ich diese Bügel-BHs favorisiere, weil sie nicht nur gut aussehen, sondern auch nach diversen Wäschen wunderbar in Form blieben.

Was ich nie verstand, war, warum sie sich seit Jahren so vehement dagegen wehrte.

Die Erklärung kam prompt: «Weil ich einfach keinen Bock habe, meine BHs nach jeder Wäsche zu bügeln! Mag Bügeln eh nicht und Unterwäsche schon gar nicht. Dann verzichte ich lieber drauf!»

Ich habe mir eine neue Armbanduhr gekauft, sehr schick, sehr ausgefallen, aber leider spinnt der kleine Zeiger und

steht nie an der Stelle, an der er eigentlich stehen sollte. Äußerst empört über diesen offensichtlichen Fehlkauf
lasse ich den Uhrmacher meines Vertrauens einen Blick
auf das Teil werfen. Er kurbelt herum, reicht mir die Uhr
über den Tresen und meint, alles sei bestens. Ich stelle
drei Uhr ein, reiche ihm das Teil zurück: «Sehen Sie
doch mal, wo jetzt der Zeiger steht. Das ist doch nicht
richtig. Das müssen Sie doch sehen als Uhrmacher.» Er
sieht mich an, wie ich niemals wieder im Leben angesehen werden will, und meint: «Na ja, Sie müssen die Uhr
schon richtig rum halten.»

Ich war heute mit meinem Fahrlehrer auf der Autobahn
unterwegs. Wir unterhielten uns über unsere anstehen-
den Urlaubspläne. Ich fragte ihn, was er denn so beruflich macht.

Den Eimer zum Auffangen des Wassers unter dem le-
ckenden Waschbecken in selbiges entleeren.

Mein Mann und ich führten eine 2-monatige Fern-Ehe
und schrieben uns regelmäßig Nachrichten. Tradition
war es, immer einen Kuss anzuhängen. An einem Tag
wurde ich krank und verschickte keinen Kuss – ich wollte
ihn ja nicht anstecken!

Ich bin mit meiner Familie das erste Mal in einem bestimmten Restaurant. Als ich von der Toilette zurück-
komme, will ich von den sensationell großen Kabinen

erzählen: «Die sind bestimmt so 3 Quadratmeter groß!»

222 Meine große Schwester daraufhin: «1 × 1 ist eins, 2 × 2 ist vier. Drei Quadratmeter geht doch gar nicht!»

Vor einiger Zeit leckte unsere Waschmaschine, eine ziemlich nasse Sauerei. Mein Schatz erzählte mir abends, dass sie bei unseren Bekannten im Haus nachgefragt habe, ob das Wasser bis zu ihnen durchgelaufen sei, dem war zum Glück nicht so. Unsere Bekannten wohnen über uns.

Nach einer tropischen Nacht reiße ich alle Fenster auf, um tüchtig durchzulüften. Dabei achte ich sorgfältig darauf, dass nichts zuknallen kann, der optimale Luftzug entsteht und vor allen Dingen keiner einsteigen kann, weil ich derweil mit dem Hund Gassi gehen will. Als ich mit ihm durch das Gartentor gehe, überlege ich, ob ich das auch auflasse, damit schön Luft reinkommt.

Meine Freundin erzählte mir neulich, sie müsse bald mal wieder ihren Pony nachschneiden lassen, da sie kaum mehr etwas sehen könne. Sie ist beruflich stark eingebunden und hat ein kleines Kind, ich hingegen habe gerade viel freie Zeit. Nach kurzer Überlegung dachte ich hilfsbereit: «Na, zum Friseur könnte ich doch schnell für dich gehen.»

Die obere Tür unseres Kühlschranks hing schief und schloss nicht mehr richtig. Mein Mann machte sich daran, den Anschlag der Tür zu wechseln, also von der rechten auf die linke Seite. Nachdem er mit viel Mühe die drei Bolzen von der rechten zur linken Seite gewechselt hatte, probierte er, ob sich die Tür leicht öffnen ließe, aber sie klemmte. Also: wieder alles abgeschraubt und neu angeschraubt, das Ganze dreimal – unter heftigen Flüchen und Verwünschungen, denn provisorisch musste er immer einen Finger zwischen die obere und die untere Tür stecken, um beiden den richtigen Abstand zu geben.

Nachdem er also die umständliche Prozedur das dritte Mal durchgeführt hatte, ging ihm endlich auf, dass er jetzt rechts an der Tür ziehen musste, nicht mehr links.

Derzeit bin ich dabei, für einen Freund eine Jubiläumszeitung zu erstellen. Sie dreht sich um das Jahr 1980. Er ist in vielen Ortsvereinen aktiv und schwärmt sehr davon, weshalb eine Spalte mit Vereinsnews natürlich perfekt passt.

Einer dieser Vereine ist die freiwillige Feuerwehr, die im Vereinsnamen die Zahl 1986 zeigt, was das Gründungsjahr ist. Während ich mich durch die Internetseite klicke und nichts Brauchbares finden kann, beschließe ich, denen eine Mail zu schreiben, ob sie mir vielleicht noch ein paar interessante Dinge über den Freund berichten könnten und ob es vielleicht aus dem Jahr 1980 nennenswerte Ereignisse gibt.

Die nächste Mail habe ich dann direkt hinterhergeschickt und peinlich berührt eingestanden, dass ein Verein, der 1986 gegründet wurde, kaum Nachrichten von 1980 hat.

Früher Abend, ich fahre schon lange die Landstraße entlang. Als ich durch eine Ortschaft fahre, gehen mit einem
Mal alle Laternen an, und ich denke mir: «Ach wie cool!
Bewegungsmelder! Das ist doch mal echt nicht doof,
wenn man als Dorf Strom und Geld sparen möchte!»

Es ist sehr heiß, über 30 Grad, und ich steuere auf den
Eingang des Supermarkts zu. Auf den Stühlen der dazugehörigen Bäckerei sitzt eine stark geschminkte Frau.
«Alter Schwede, muss das nicht unglaublich heiß unter so
viel Make-up sein?», frage ich mich kurz, bevor ich den
kühlen Supermarkt betrete.

Gestern erzählte meine Freundin mir von der neuen
Freundin ihres Vaters. Sie sind schon seit ein paar Mo-
naten zusammen und es läuft wohl sehr gut. Letztes Wo-
chenende war er sogar mit beim Abi-Ball der Tochter der
Freundin.
    Meine Reaktion: «Das klingt doch gut! Und hat die
Freundin auch Kinder?»

Ich bin auf dem Heimweg und höre Musik. Plötzlich
kommt mein Freund mit dem Rad an mir vorbeigefah-
ren, sieht mich aber nicht. Ich will nach ihm rufen, denke
aber sofort, dass er mich ja eh nicht hören wird, wenn ich
die Kopfhörer nicht aus den Ohren nehme.

Ich studiere Psychologie, und an meiner Uni tummeln
sich auch allerlei sehbehinderte Studenten.

Blinde Freundin: «Ist XY heute da?»

Ich: «Ähm, klar, die steht doch direkt da drüben? In der grünen Jacke? Sag mal, bist du blind?»

Ich bin ein Mensch, der sehr gerne immer auf alles vorbereitet ist. Und so stand ich eben in der Küche, um heute Abend vor dem Schlafengehen noch schnell das Wasser für morgen heiß zu machen, damit ich gleich Tee machen kann, ohne vorher auf den Wasserkocher warten zu müssen.

Mindestens genauso brillant war die Idee, einfach mal ein Busticket «auf Vorrat» abzustempeln (sonst vergisst man es am Ende noch).

Ich half einer Freundin dabei, die Küche in ihrer neuen Wohnung einzurichten. Da die Hängeschränke recht weit oben angebracht waren, benutzte sie zum Einräumen einen Tritt aus Holz. «Weißt du, was ich an diesem Tritt echt blöd finde?», fragte meine Freundin. «Dass der den Boden verkratzt.» Daraufhin kam mir ein Geistesblitz: «Schraub doch Rollen darunter!»

Meine Eltern reisen wirklich gerne, und meine Mama liebt es, durch Kataloge zu stöbern. Nur das Schleppen der Reisebroschüren war immer doof. Da freute sie sich sehr, als sie an einer Haltestelle ein Plakat sah. Darauf stand: «Farin Urlaub – jetzt auf CD». Sie: «Oh, das ist ja praktisch, da muss man die ganzen Kataloge nicht tragen!»

Eine Freundin hat mir ein Buch geliehen und braucht es zu einem bestimmten Termin zurück. Den habe ich fast verschwitzt. Da sie weit weg wohnt, versende ich das Buch auf den letzten Drücker mit der Post. Voll des schlechten Gewissens, lege ich einen Zettel in das Päckchen mit folgender Mitteilung: «Wenn das Päckchen nicht mehr pünktlich bei dir ankommt, kauf dir ruhig das Buch noch einmal, das Geld bekommst du natürlich von mir zurück.»

Wir haben letztens im Garten ein Sommerfest veranstaltet. Die Musik sollte über ein an die Boxen angeschlossenes Handy laufen. Mein Freund stellte hierfür sein Telefon bereit. Da jedoch auch einige Gäste Bekannte von sich mitbringen wollten, die wir nicht kannten, bekam ich Angst, dass jemand das Handy klauen könnte. Also fragte ich ihn, ob er dann auch den Abend über neben den Boxen sitzen bliebe, um auf sein Telefon aufzupassen. Er wies mich dann darauf hin, dass dies unnötig sei, da alle Anwesenden sofort mitbekommen würden, wenn jemand das Handy nimmt – schließlich ginge dann ja auch die Musik aus.

Während der Abiturphase, nach stundenlangem Geschichtelernen, schaue ich auf meinen Digitalwecker und denke: «Oh, es ist neunzehnhundertfünfundvierzig.»

Ein Freund erzählte, dass in dem kleinen Dorf, in dem er einige Jahre lebte, die Kirchturmglocken die ganze

Nacht über läuteten. In vielen Gemeinden hören sie ja nach 24 Uhr auf und beginnen erst um 6 Uhr wieder. Die ganze Zeit dachte ich, wie die Bewohner denn überhaupt ein Auge zu bekommen bei dem stundenlangen Dauer-Gebimmel.

Vormittags Samen in den Balkonkasten aussäen – am Nachmittag des gleichen Tages nachsehen, ob schon grüne Spitzen zu sehen sind.

Sehe bei einem Freund ein Großwörterbuch Englisch und frage mich, was Großwörter sind.

Hochsommer, tags 30 Grad, nachts 25 Grad. Ich komme morgens um 5.00 Uhr an mein Auto, sehe die beschlagene Frontscheibe und denke: «Mist, muss ich schon wieder kratzen!»

Auf einer Gartenparty, die ich (berufsbedingt) organisiert habe, spielte das Wetter leider nicht mit, ab und zu kamen ein paar Tropfen von oben. Alle technischen Geräte mussten also gesichert werden. Darum kümmerte sich die Kundin selbst und kam nach einer Weile freudestrahlend auf mich zu: «So – auf den Boxen sind jetzt überall Verhüterlis.» Vor meinem geistigen Auge kristallisierte sich ein Bild von je 3–4 eingepackten Kondomen, in verschiedenen Farben dekorativ auf den Lautsprecherboxen verteilt, und ich dachte mir nur: «Meine Güte, dabei sind hier so viele Kinder!»

Ich schließe die Gartentür, um meinen Garten vor eben aufkommenden Sturmböen zu schützen.

Ich liege im Sommer in den frühen Morgenstunden im Bett und schlafe. Meine Fenster sind nicht durch Vorhänge verdunkelt. Als die Sonne beginnt aufzugehen und ihr Licht in mein Schlafzimmer scheint, fummel ich im Halbschlaf an meiner Nachttischlampe rum, um das Licht wieder auszustellen.

Am Freitag wollte ich gleich nach der Arbeit für eine Nacht verreisen und packte dementsprechend meine Tasche etwas voller. Als ich meine aktuelle Lektüre – ein ziemlich dickes Buch, das ich gerade erst angefangen hatte – einsteckte, dachte ich: «Da muss ich in der Mittagspause schnell noch ein paar Seiten lesen, damit ich nicht das ganze Buch mitschleppen muss.»

Mein Bruder arbeitet schon sehr lange als Beamter in einer JVA. Ich habe zwar schon einmal einen Inhaftierten besucht, es würde mich aber brennend interessieren, wie man dort wirklich so lebt. Z. B. würde ich gerne einmal eine Zelle von innen sehen. Mein Bruder erklärte mir, das ginge für «Normalsterbliche» wie mich nicht so einfach. Daraufhin fragte ich ihn: «Habt ihr nicht mal einen Tag der offenen Tür?»

Hatte morgens vor der Arbeit noch ein wenig Zeit, beschloss also, noch ein Kapitel in einem Buch zu lesen.

Der erste Satz lautete: «Ich wartete darauf, dass der Fahrstuhl sich in Bewegung setzte.»

Für eine Millisekunde dachte ich: «Häh? Was? Blödsinn! Ich bin doch gar nicht im Fahrstuhl, ich sitze immer
noch hier an meinem Küchentisch!»

Ich stand morgens in Gedanken versunken unter der
Dusche. Plötzlich durchfuhr es mich wie ein Blitz: «Ich
bin nackt!»

Überschrift heute Morgen in der Zeitung: «Polizei sucht
Mann mit Dreitagebart». Schade, nichts für mich, denke
ich und blättere weiter. Ich lese wohl zu viele Stellen-
angebote im Moment.

Es passiert mir des Öfteren, dass ich in Gegenstände hin-
einrenne und mich dann freundlich bei ihnen entschuldige.

Während meiner Ausbildung zur Buchhändlerin war ich
gerade in der Abteilung im Erdgeschoss eingeteilt. Ein
Kunde betrat das Geschäft und fragte mich, wo im Hause
er etwas über Terrarien findet. Ich schickte ihn in den
ersten Stock – in die Reiseabteilung.

Vorbereitung zu einer Hausrallye für unsere neuen Schü-
ler.

Arbeitskollegin: «Es sind 42 Leute. In jeder Gruppe
sollen sieben Leute sein.»

Ich: «Dann haben wir ja nur drei Gruppen. 7–14–42.»

Heute beim Rasensprengen auf den Teich geschaut und gedacht: «Die Seerosen sehen aber auch etwas welk aus, mal den Wasserschlauch draufhalten.»

Ich bin mit ein paar Freunden in einer Kneipe. Ich muss mal und stehe völlig überfordert vor den Toilettentüren, auf denen «M» und «F» steht. Ich denke: «‹M› wie ‹Mädchen›», und gehe rein. Ups, falsch! Gehe daraufhin also in die «F»-Tür und denke: «Mann, wie kompliziert! Da soll mal einer drauf kommen. ‹Maskulinum› und ‹Femininum› – nicht jeder hat Latein in der Schule gehabt.»

Meine Freundin Bianca, ähnlicher Typ wie ich – groß, schlank, dunkelhaarig – und ich im Urlaub. Wir lernen zwei junge Männer kennen. Der eine fragt meine Freundin: «Wie heißt du?» Sie: «Bianca.» Dann fragt er mich nach meinem Namen. Ich: «Bianca.» Er guckt irritiert von einer zur anderen und fragt: «Seid ihr Schwestern?»

Mein Mann steht mit den Kindern auf dem Balkon. Ich werde hinausgerufen, weil ich mir ein Insekt im Blumenkasten anschauen soll. Damit keine Wespen auf den im Haus gedeckten Tisch fliegen, mache ich die Balkontür von außen zu. Kurz bevor die Tür zu ist, denke ich voller Schreck: «Jetzt müssen wir aber aufpassen, dass keiner die Tür von innen verriegelt, dann wären wir alle ausgesperrt!»

Ich stehe morgens auf und denke: «Boah, ist es dunkel!
Es wird gar nicht hell!»
Nach einer guten Weile bemerke ich: Ich könnte den
Rollladen hochziehen!

Schon zum zweiten Mal beim Betreten des Hotelzim-
mers den dringenden Vorsatz gefasst, die Tür zu ölen.

Ich habe Freunde aus den USA zu Besuch und rechne
in Gesprächen mit ihnen regelmäßig verschiedene Ein-
heiten in die entsprechende amerikanische Einheit um
(z. B. Geschwindigkeiten, Entfernungen, Temperaturen,
Gewicht), um es für sie verständlicher zu machen. Als ich
ihnen einmal von unserer 100-jährigen Nachbarin erzählen will, überlege ich, was die 100 Jahre in der US-Ein-
heit sind … mal 1,6? Geteilt durch 2?

Ich und mein Partner haben uns nach Jahren endlich eine
Spülmaschine zugelegt. Hocherfreut spülen wir darin tagelang alles, was sich nur irgendwie dafür anbietet. Das
Gerät ist einfach eine tolle Erleichterung. Nach Feierabend sitze ich am Computer und betrachte meine total
schmuddelige Tastatur. Die werfe ich morgen auch in die
Spülmaschine, damit ich sie nicht von Hand putzen muss,
nehme ich mir vor. Warum da wohl noch keiner drauf
gekommen ist?

Im Fernsehen wird berichtet, dass der Nachtzug von Berlin nach München gestrichen werden soll.

Ich blicke auf den im Hintergrund abgebildeten ICE und denke: «Ach, wieso denn, so in Rot-Weiß sieht der doch eigentlich ganz schick aus.»

Bei einem Ausflug durch die Eifel fuhren wir an einer Imkerei vorbei. Draußen hing ein Schild mit einem Honigtopf und der Aufschrift «Reiner Bienenhonig». Ich: «Wie genial, dass ein Imker ausgerechnet Reiner Bienenhonig heißt.»

Es klingelt mehrmals innerhalb weniger Stunden, immer die gleiche 0800-Nummer. Ich gehe nicht ran, das ist sicher wieder ein Werbe-Angebot meines Telefonanbieters.

Ich denke: «Man sollte nie seine Handynummer dem Provider geben!»

Vier Könige liegen. Ich überlege, was ich mache, wenn ich einen weiteren König bekäme?

Auf der Suche nach einem Paket habe ich bei DHL angerufen. Während des Gesprächs muss man mehrfach durch Spracheingabe eine Auswahl treffen. «Sagen Sie Kundenberater.» Über diese Art von Hotline habe ich mich sehr geärgert, ist doch überhaupt nichts für Stumme. Wie wollen die jemals bis zum Kundenberater kommen?

Höre gerade im Radio, dass ein 300 Jahre alter Goldschatz gefunden wurde, der vermutlich von einem spa-

nischen Schiff stammt, welches in einem Hurrikan ge-
sunken ist, und denke mir: «Wow, dass sie vor 300 Jahren
sogar schon Hurrikans hatten!»

Wie jeden Morgen sitze ich vor dem Sudoku in der
Tageszeitung und prüfe zuerst alle Zahlen in der nume-
rischen Reihenfolge daraufhin, ob ich sie unterbringen
kann. Nachdem ich von den Zahlen 1 bis 9 hier und da
welche unterbringen konnte, war ich bei der 10 erfolglos.

Neuerdings will ich auch mal Frauensachen machen und
lackiere meine Fingernägel mit einem Lack, damit sie
widerstandsfähiger werden (Tipp von Tochter).
    Ich denke mir dabei: «Ich sollte dann aber auch noch
regelmäßig die Vorhaut zurückschieben.»
    Ich hab mich die letzte Zeit eindeutig zu viel mit der
Beschneidungsdebatte beschäftigt.
    Ich hab dann doch lieber die Nagelhaut bearbeitet.

Vor einigen Jahren und nach einigen Bieren in München im Lehel, in einer Kellerkneipe namens Egon Bar:
Schaue mir die gerahmten Fotos an den Wänden an und
bemerke: «Warum hängen hier denn so viele Bilder von
Egon Bahr?»

Meine Mutter spritzt seit neuestem Insulin und wechselt
nach jedem Stich die Nadel. Letztens sticht sie sich an einer schon benutzten Nadel und ist in heller Panik: «Jetzt
muss ich ja einen HIV-Test machen!»

Man kennt das ja, alte Geschichte: Der Föhn soll nicht in die Badewanne, könnte gefährlich werden. Ebenso wie alle anderen Elektrogeräte nicht unbedingt ins Wasser gehören. Tja, da steht man mal im Regen und hat gerade den Ohrwurm «Elektrisches Gefühl» von Juli. Plötzlicher Schreck: «Oh, Elektrik + Wasser! Krieg ich jetzt eine gefackelt?»

Vor dem Zu-Bett-Gehen noch mal schnell mit der Taschenlampe vom Smartphone im Wohnzimmer prüfen, ob ich auch wirklich das Licht ausgemacht habe.

Houellebecqs «Soumission» auf Französisch lesen, das Ende supereklig finden und sich kurz fragen, ob's auf Deutsch besser ist.

Gemeinsam mit meiner Gattin wollen wir auf ein Open Air. Ein Freund ist bereits da und schickt mir seinen Standort per Handy. Ich schaue auf Google Maps nach und freue mich über das Satellitenbild: «Prima. Ist ja kaum was los!»

Ich habe einige Aufgaben im Kopf, die ich noch erledigen will, und denke: «Jetzt muss ich mir mal einen Zettel schreiben, damit ich nichts vergesse.» Ich nehme also einen Zettel und schreibe als erste Aufgabe: «1) Zettel schreiben.»

Wir saßen am Lagerfeuer, und ich wollte mir eine Zigarette anzünden, suchte fieberhaft mein Feuerzeug, fand
es nicht und sagte resigniert: «Heute nix mit Rauchen,
hab kein Feuerzeug dabei.»
    Vor mir glühte das Holz.

Beim Kinderschminken kommt eine russischstämmi-
ge Frau mit einem Mädchen dazu. Sie hat sich einen
Schmetterling als Motiv für ihr Gesicht ausgesucht. Ich
frage die Kleine, in welcher Farbe sie diesen gerne hätte.
Daraufhin sagt mir die Frau, dass das Mädchen nur zu
Besuch ist, kein Deutsch spricht, und fragt ihrerseits die
Kleine: «WEL-CHE FAR-BE?»
    Wir schauen sie beide auffordernd an. Dann bemerkt
sie ihren Fehler.

Ich habe mir im Unterricht von meinem Lehrer einen
Schlüssel geliehen.
    Als ich wieder zurückkkam, streckte er die Hand aus,
um den Schlüssel entgegenzunehmen. Ich schüttelte ihm
die Hand.

Vor einer Weile fragte ich meine Mutter, ob sie mir die
E-Mail-Adresse meiner Tante geben kann. Ihre Antwort:
«Ja klar, aber die Hausnummer habe ich nicht im Kopf.»

Habe gerade eine Vogelscheuche gegrüßt.

Die Unterlagen der OP-Versicherung meines Hundes waren in der Post. Interessiert lese ich mir die Infos durch. «Kastration bezuschussen wir einmalig mit 75 Euro.»

Typisch Versicherung, denke ich, gezahlt wird wieder nur beim ersten Mal.

Es ist nur allzu typisch, dass ich Unmengen an Dingen zu Hause vergesse, die ich benötige. Oder ich kann sie nicht einpacken, da ich ansonsten meine S-Bahn verpasse. Das schien eines Tages nicht der Fall zu sein: Ich saß an der S-Bahn-Haltestelle und hatte sogar ein paar Minuten Wartezeit. Als ich meine trockenen Hände anschaute, dachte ich mir: «Ha, Mensch, bist du gut! Du kannst sogar die Handcreme benutzen, die du noch schnell eingepackt hast!» Die Tube aus der Tasche gekramt und ein kräftiger Druck – doch seit wann besaß ich transparente und glitschige Handcreme? Noch vor dem Verreiben warf ich einen Blick auf die Tube. Verschämt schaute ich mich um, um sicherzustellen, dass niemand sah, wie ich mir das Gleitgel auf meiner Hand an meinen Socken abschmierte.

Erste Unterrichtsstunde Französisch nach den Sommerferien, die Lehrerin lässt ein Diktat schreiben.

Nach den ersten paar Zeilen wundere ich mich, wie häufig die Vokabel «virgule» vorkommt.

«Virgule» ist die französische Vokabel für «Komma», die die Lehrerin netterweise mitdiktiert hatte.

Im Studium, während eines sehr interessanten Telefonats mit einer sehr netten Freundin. Der Bequemlichkeit halber möchte ich den Telefonhörer nach einer Weile ans andere Ohr nehmen. Und haue mir dabei den Hörer gegen den Kopf. Habe tatsächlich vergessen, dass zwischen den beiden Ohren ein Hindernis ist. Mein Kopf.

Unsere Mutter wollte uns mitteilen, dass sie später vielleicht unterwegs sein würde. Und das machte sie sehr präzise: «Wenn ihr kommt und ich bin nicht da, dann bin ich fort!»

Sitze mit meinem Kind bei Starkregen im Bus und versuche, die Regentropfen von innen von der Scheibe zu wischen, damit mein Kind rausschauen kann.

Groß stehen die drei Buchstaben CMB an der Tür einer Klosteranlage, wo seit Jahrhunderten Mönche leben.
    Sind die katholisch?

Ich stehe unter der Dusche, und noch bevor ich das Wasser andrehe, denke ich: «Irgendetwas ist heute anders als sonst!»
    Dann schaue ich an mir herunter und sehe, dass ich noch voll bekleidet bin.

Ich öffne die Kühlschranktür und denke erbost: «Boah, wer hat denn hier drin das Licht angelassen?»

Eine neue Schülerin stellt sich mir und der Klasse vor: «Ich heiße Sandra Sonntag.» Meine Antwort: «Ach, dann bist du bestimmt die Schwester von Melanie Montag aus der 7b.»

Oft, wenn mein Mann beruflich unterwegs ist und es dort regnet, wo er gerade ist (z.B. 100 Kilometer weit weg), ruft er an und bittet mich, nachzuschauen, ob das Dachfenster zu Hause auch wirklich zu ist.

Als ich kürzlich eine Blindenzeitschrift in den Händen hatte, fragte ich mich, warum die nicht wenigstens ein bisschen bunt ist. Bilder fehlten auch.

Neulich war ich seit langem mal wieder auf einem DIXI-Klo.
Nachdem ich mein Geschäft verrichtet hatte, suchte ich minutenlang nach dem Spülknopf.

Der Gemeinschaftssandkasten in unserer Straße wird abends immer mit einem grobmaschigen Netz abgedeckt, das Katzen fernhält.
Neulich kam ich spätabends bei strömendem Regen heim. Beim Vorbeilaufen sehe ich, dass niemand das Netz über den Sandkasten gezogen hat, und denke: «Super, jetzt wird der ganze Sand nass!»

Gestern Abend war ich noch kurz Geld am Bankautomaten holen. Ich beschloss, dass 30 Euro reichen. Der

Automat zeigt hier immer an, in welchen Scheinen ausgezahlt werden kann. Da ich ohnehin einiges an Kleingeld hatte, war ich dann etwas genervt, dass der Automat mir zwar zwei Scheine anbot (20 Euro + 10 Euro) aber nicht einen 30-Euro-Schein.

In Augsburg fahren die Straßenbahnen oberirdisch. Nach einer Zwischenübernachtung fuhr ich zurück zur Autobahn. Die Straße war recht eng und mir kam eine Straßenbahn entgegen. Ich dachte: «Warum kann die nicht etwas zur Seite fahren, damit wir gut aneinander vorbeikommen?»

Nachts aufgewacht und auf den Wecker gesehen. Daraufhin in Panik zu meinen Eltern gerannt und sie aufgeweckt, weil durch einen Stromausfall offenbar alle Uhren auf 00.00 Uhr standen und ich Angst hatte, dass wir alle verschlafen! O. k., erstens war am nächsten Tag Sonntag, und zweitens war es einfach nur Mitternacht!

Wir baden. Bei 38 Grad.
    Dann lege ich das Thermometer raus. Als ich es wieder zur Hand nehme, zeigt es deutlich weniger an.
    Ich: «Nanu? So kalt fühlt sich das Wasser ja gar nicht an? Warum ist es so kalt?»
    Mein Mann: «Vielleicht, weil ich friere?»
    Ich: «Nein, ahem, weil ich es an den Rand gelegt habe.»
    Mein Mann: «Hä? Du bist vielleicht eine Naturwissenschaftlerin.»

Ich: «Ja, aber immer noch besser als ein Ingenieur, der
sagt, das Thermometer fällt, weil er friert!»

Putze mir die Zähne mit einer elektrischen Zahnbürste,
und mittendrin geht sie aus. Akku leer.
Stehe da und überlege, was ich denn jetzt bloß mache,
weil ja meine Zähne noch nicht alle geputzt sind.

Unterwegs in einem der äußeren Wiener Bezirke; ruhiger Verkehr, geräumige Straße. Auf der anderen Fahr-
bahnhälfte kommt mir die Straßenbahn entgegen, vor
ihr ein eher langsamer Radfahrer – und für den Bruchteil
einer Sekunde frage ich mich, weshalb die Tram hinter
dem Radfahrer herzockelt, statt ihn zu überholen.

Wir spielen Begriffe-Raten.
Das gesuchte Wort: die Stadt Passau.
Die beiden Teile «Pass» und «Sau» wurden bereits
erfolgreich hergeleitet. Auf die Aufforderung hin, jene
Begriffe nur noch zusammenzusetzen, um die Lösung zu
erhalten, schallt es aus allen Kehlen gleichzeitig: «SAU-
PASS!»

Wir spielen wieder Begriffe-Raten.
Auf die Frage hin, was denn die Hauptstadt von Lon-
don sei, antwortete die gesamte Gruppe laut und überzeugt und wie aus einem Mund: «PARIS!»

Ich sitze im Sinfonie-Konzert, die Musiker alle piekfein angezogen, Frack, Fliege, langes Schwarzes. Mein Blick schweift über die Bühne und bleibt an einer Geigerin hängen, die ihre langen dunklen Haare streng nach hinten gekämmt und hoch am Hinterkopf zu einem akkuraten, tennisballrunden Dutt frisiert hat. Ich sehe das und denke spontan: «Mit der Pudelmütze auf der Bühne – das find ich echt gewagt!»

Ich sitze auf der Toilette und blättere geistesabwesend in der dort herumliegenden Kundenzeitschrift einer Drogeriekette. Darin befindet sich ein Artikel über die Diätnahrung einer gewissen Charlotte Eden. Denke: «Müsste ich die kennen? Ist die verwandt mit diesem Jenseits Von?»

Wenn man bei einer Suppendose oben und unten den Deckel abmacht, kann man diese flach zusammenlegen.
Meine Überlegung: «Wie wäre es, wenn ich beim Öffnen gleich den unteren Deckel abmache?»

Ich reinige den Backofen. Baue dafür natürlich auch die Scheiben aus und schrubbe die erste. Denk mir: «Wenn ich sie umdrehe, sieht keiner, dass die noch Flecken hat!»

Lese gerade einen Bericht über das schwere Los, mit dem Namen Kevin bestraft zu sein. Scrolle nach einer Weile im Schnellverfahren über die noch verbleibenden Kevins (Fotos mit Erfolgsgeschichte) und denke: «Mensch, komisch, alles nur Männer – würde gern mal eine Story über eine Frau lesen!»

Wir holen die neuen Personalausweise ab.

Ich lese meinen Geburtsort – ein recht abgelegener Ort, den keiner kennt – und denke: «Guck, da war ich auch schon mal.»

Mein erster Tag an der Uni. Ich irre durch die Gegend und suche die richtigen Gebäude und Räume. «Mensch, das ist ja klasse, dass sie so groß ‹Drücken› an die Tür schreiben. Das fällt ja direkt auf!», denke ich, während ich voller Elan mehrere Male an der Tür ziehe.

Wecker klingelt – ich stolpere morgens ins Bad und stelle mich auf meine analoge Waage. Der Zeiger springt auf 60 Kilogramm, wobei er senkrecht steht. Ich denke: «Prima, erst sechs Uhr, da kann ich ja noch schlafen.» Und gehe wieder ins Bett.

Ich habe gestern in der Zeitung nach der Uhrzeit geguckt.

Ich habe einen neuen Wecker. Als er mich eben zum ersten Mal weckt, zeigt er nicht nur die Uhrzeit, sondern auch das Datum an: WE 28.10. Und ich denk sofort: «Toll, WE steht für Wochenende, dann kann ich ja weiterschlafen.» Ich brauche einen Augenblick, bis mein Hirn mir mitteilt, dass WE für Wednesday steht.

«Bei XY sollen sie bald wieder diese tollen Skisocken hereinbekommen. Wann genau, weiß ich aber nicht. Ich gebe dir mal die Telefonnummer!»

«Seit wann können Socken telefonieren?»

Gerade hab ich ein paar Sekundenschafe gelesen. Dabei bin ich auf folgendes Schaf gestoßen:
DUMM FÜR EINEN AUGENBLICK
Seite nicht gefunden
Es hat einen (zu langen) Moment gedauert, bis ich gemerkt habe, dass es sich um kein Sekundenschaf, sondern ein Verbindungsproblem gehandelt hat.

Ich lese hier «keine Seite gefunden» und bin erschrocken. Was ist mit meiner Internetverbindung los?
Dann dämmert es mir: «keine Seite gefunden» ist eine Überschrift!

Ich komme in die Küche und sehe aus dem Augenwinkel auf der Zeitanzeige der Spülmaschine eine 0 stehen. «Oh, schon fertig», denke ich und mache die Maschine auf. Als mir Dampf entgegensteigt, merke ich, dass die Maschine doch noch nicht fertig ist, und registriere im gleichen Moment, dass da nicht 0, sondern 20 Minuten steht. Schnell mache ich die Tür wieder zu und sage verdattert: «Oh, Entschuldigung.»

Ich sitze auf einem Stuhl und lehne mich entspannt zurück. Dabei greife ich mit dem rechten Arm über den

Kopf ans linke Ohr und erschrecke, denn da hinter meinem Ohr, da ist was Merkwürdiges, Gnubbeliges, was sich wie eine Blase anfühlt. Oh mein Gott, was ist das nur?

Ich habe es schließlich rausgefunden. Es war der Brillenbügel.

Ich saß in der Cafeteria der Uni-Bibliothek. Als ich fertig gegessen hatte, überlegte ich, welche Dinge ich nun nicht vergessen sollte. Beim Blick auf den Boden sah ich meine Schuhe und dachte: «Ich darf auf keinen Fall meine Schuhe hier stehen lassen.»

Wie gut, dass ich sie an den Füßen hatte.

Meine Mitarbeiterin: «Briefmarken werden ab nächstem Jahr auch wieder teurer!» Ich: «Dann müssen wir dieses Jahr noch welche kaufen!»

Ich stehe vor dem Altkleidercontainer und wundere mich: «Wieso nur einer? Keiner für Weiß-, Braun- oder Grün-Kleider?»

Lese in der Zeitung die Liste der Kandidaten für die Ende des Monats stattfindenden Ausländerbeiratswahlen und wundere mich für einen Moment, dass da nur ausländische Namen stehen.

Um 0.05 Uhr komme ich halb erfroren nach Hause, und mein erster Gang führt in die Küche, um ein Kirschkernkissen in der Mikrowelle zu erwärmen.

Bloß zeigt das Mistding auch nach mehrmaligem «Delete» drücken immer noch 5 Sekunden an.

Erst nach geraumer Zeit wird mir gewahr, dass 0:05 keine Sekunden sind, sondern die Uhrzeit.

Ich gehe eine Treppe runter. Höre eine Fahrradklingel. Gehe zur Seite, um den Radfahrer vorbeizulassen.

Als kleine Aufmunterung am Ende des Tages will ich nachschauen, welche neuen Sekundenschafe es gibt. Google «Lieblingsschaf» und bin dann etwas konsterniert: «Wo ist diese geniale Seite? Gibt es die nicht mehr? Ach so!»

Ich habe meiner Freundin erklärt, dass ich keine Pferde zeichnen kann, weil die «voll schwer sind». Als sie fragte, warum Pferde so schwer sind, fiel mir nur ein: «Weil die schwere Knochen haben.»

Ich sitze im Auto, vor mir steht ein Bus mit dem Werbe-Aufdruck für eine Umzugsfirma. Ich frage mich, warum man mit einem Linienbus umziehen sollte.

Ich sehe ein Bild von einem umgedrehten Schneemann (unten die Möhrennase und die Kohlenaugen, oben die Stiefel) und frage mich, wie der Erbauer den Schneemann auf den Kopf stellen konnte – der wiegt doch bestimmt einiges.

Mein Freund schläft schon, ich liege neben ihm im Bett und lese noch.

Als im Buch ein lautstarker Streit zwischen zwei Männern beschrieben wird, höre ich schnell auf zu lesen – nicht dass mein Freund noch wach wird von dem Lärm!

Ich sitze mit meiner Freundin Julia und unseren Kindern auf einem Festival. Als Julia kurz weggeht, denke ich: «Komisch, niemand hier, den man kennt.»

Als Julia zurückkommt, freue ich mich und denke: «Ach guck mal, so ein Zufall, da ist ja Julia!»

Mein Freund und ich (beide Anfang 30) gucken zusammen Fernsehen, und es kommt Werbung für die «Bravohits 91». Ich erzähle ihm, dass ich mir die Bravohits 4 damals auf Kassette gekauft habe und mich jetzt schrecklich alt fühle. Er schweigt kurz und fragt dann: «Erscheint die eigentlich jährlich?»

Als ich morgens das Haus verlassen will, fällt mir ein, dass ich etwas vergessen habe und noch mal zurückmuss. Ich schließe die Wohnung wieder auf, lasse den Schlüssel von außen stecken und ziehe die Tür von innen zu. Dann der Schock: «Wie soll ich jetzt wieder aus der Wohnung kommen, wenn der Schlüssel von außen steckt?!»

Ich bin gerade unten vor die Tür gegangen, um eine Zigarette zu rauchen. Dabei habe ich auch gleich in den Briefkasten geschaut – leider leer.

Nachdem ich vor der Tür ein wenig auf und ab gegangen war und aufgeraucht hatte, wollte ich vor dem Reingehen noch mal in den Briefkasten schauen – vielleicht ist ja jetzt Post drin.

Ich telefoniere mit meinem besten Freund, mit dem ich bis vor ein paar Monaten in derselben Stadt gewohnt habe. Er erzählt von einer Feier am selben Abend, aber er weiß nicht, ob er das Haus noch mal verlassen will. Außerdem habe er nur noch 5 Euro. Ich sage: «Kein Problem, ich hab noch genug Geld dabei.»

Ich komme müde von der Arbeit nach Hause. Steh im UG am Aufzug, drücke mehrmals auf den Knopf, Aufzug macht keinen Mucks.

Also laufe ich drei Stockwerke hoch, um dann aus dem Augenwinkel den Lichtschalter neben dem Aufzug wahrzunehmen. Äh, klar. Wenn man den drückt, kann sich der Aufzug ja nicht in Gang setzen.

Um die Schuhe unserer Familie ordentlich aufzubewahren, kaufen wir ein Schuhregal und montieren es im Flur vor einem großen Wandspiegel. Ich komme abends heim und frage mich, warum unser Sohn jetzt zwei identische Paar Schuhe hat.

In der Bahn sitze ich zwei ca. 15-Jährigen gegenüber: der eine pummelig, voller Akne und mit fettigem Haar, der andere mit karottenroten Haaren, käsebleich und voller

Sommersprossen. Nach einem prüfenden Blick auf deren rechte Hände konstatiere ich: «Keine Eheringe – na klar, so wie die aussehen, haben die keine Frauen gefunden.»

Es gibt Minions-Sitzsäcke zu gewinnen. Oh, toll, welche Farbe?

Workshop Babyschuhe stricken. Oh toll! Auch für mich in Größe 43?

Gestern in der S-Bahn:
Ich schaue im Dunkeln auf die Scheibe des gegenüberliegenden Fensters und denke: «Hm, die Haare sind echt lang geworden an der Seite.» Plötzlich bewegt sich mein Spiegelbild, obwohl ich still sitze. «Oh, bin ja gar nicht ich, ist ja der Sitznachbar, der auf der Scheibe abgebildet ist.»

Die Freundin meines Sohnes lackiert sich die Fingernägel der rechten Hand. Mein Freund so: «Ach, bist du Linkshänder?»

Quiz. Auf die Frage, was 75 Quadratmeter groß ist, ein Boxring, das Oval Office im Weißen Haus oder ein Kaninchenkäfig, antworte ich: «Kann man die Größe eines ovalen Zimmers überhaupt ausrechnen?»

Draußen regnet es. Meine Frau sagt, ich solle doch einen Schirm mitnehmen, ich sage, das sei nicht nötig. Ich gehe durch unseren (überdachten!) Hof und denke: «So schlimm ist es wirklich nicht.»

Eines Morgens ging ich noch im Halbschlaf auf die Toilette. Dort betrachtete ich das Klopapier, in das ein Muster eingestanzt war, und fragte mich: «Warum hat denn das Klopapier Gänsehaut?»

Den Großvater unseres Nachbarsjungen nennen wir der Einfachheit halber meist ebenfalls «Opa Jakob». Kürzlich stand ich da und überlegte, wie denn Opa Jakob noch mal mit Vornamen heißt.

Im Unterricht überlege ich, wie ich zur kommenden Party fahre. Da fragt mich jemand: «Kommst du mit?» Ich dachte, er sei gar nicht eingeladen, deswegen frage ich lieber noch mal nach: «Wohin komm ich mit?» Als er zu lachen anfängt, wird mir bewusst, dass er wissen wollte, ob ich im Unterricht mitkomme.

Nachdem ich zwei Streichholzschachteln zum Anzünden meiner Kerze aufgebraucht hatte, habe ich gerade mein Feuerzeug ausgepustet.

Mit zwei Architekten, Hausmeister, Sicherheitsbeauftragten usw. nehme ich an einer Begehung teil. Es geht um Brandschutz. Dabei schauen wir uns auch eine Doppelgarage an, die in eines der Gebäude integriert ist und durch die man in einen anderen Gebäudeteil gehen kann.

Die beiden Tore dieser Garage lassen sich per Fernbedienung bzw. mit einem speziellen Schlüssel von außen öffnen, von innen jedoch nicht. In der Garage haben zwei Autos Platz und es gibt keine Trennwand. Man muss sich das also als einen großen Raum mit zwei Toren vorstellen. Die sogenannte Schlupftür befindet sich in einem der Tore und ermöglicht es, im Notfall und bei geschlossenen Toren die Garage zu verlassen. «Alles gut und schön», denke ich, «aber wieso ist da nur in einem Tor eine Schlupftür?» Und ich denke sogar weiter: «Wenn das Tor mit der Schlupftür offen ist, kann ich die ja nicht benutzen.»

Ich schrieb einmal einer Bekannten auf einer einfachen Postkarte: «Ich pendle zwischen Krankenhaus, psychiatrischer Anstalt und Gefängnis.» Erst als ich das noch einmal gelesen hatte, fügte ich hinzu: «Natürlich beruflich.»

Ich arbeitete damals als Musiktherapeutin. In dieser Zeit passierte mir ein besonders krasser Aussetzer meines Hirns: Zu den Stunden, die ich im Gefängnis für junge Drogenhäftlinge abhielt, wurde ich mit einem Polizeiwagen abgeholt. Einmal wurden zugleich mit mir einige von ihnen transportiert. Zwischen mir und den Häftlingen saß ein Polizist. Der hantierte mit seinem Pistolengurt, in dem doch sicher eine scharf geladene Waffe steckte, und das machte mir Angst. Als einer der Häftlinge eine Bemerkung machte, er solle das unterlassen, sagte ich daher

schwach: «Ja, das wäre mir schon auch recht!» Erst dann
wurde mir bewusst, was er wirklich gesagt hatte: «Lass
die Hose oben, wir haben eine Dame im Wagen!»

Neulich unterhalte ich mich mit meiner Mutter über das
Stauffenberg-Attentat. Nach der Unterhaltung denke
ich: «Was hat der eigentlich nach dem Krieg gemacht?»

Ich ziehe die Innen-Jalousien hoch, damit sie nicht weg-
fliegen.

S. war letzte Woche nicht beim Deutschunterricht für
Flüchtlinge. «Ach so», denke ich für einen kurzen Moment, «er ist sicher noch im Weihnachtsurlaub zu Hause
in Afghanistan.»

Weitere Titel von Malte Welding

Dein Vater ist ja älter als mein Opa!
(Kurzgeschichte in *Mama, das hast du schon fünfmal erzählt!*)

Hat deine Mutter Kinder?

Sekundenschaf

Weiche Weihnachten
(Kurzgeschichte in *Aber erst wird gegessen*)

Ist die Hühnersuppe vegetarisch?

Jeder kennt das: Für einen Sekundenbruchteil denkt man völligen Quatsch. Und das Gehirn? Hat geschlafen und würde am liebsten so tun, als sei nichts geschehen. Vielleicht hat dieses weitverbreitete Phänomen der Augenblicksdummheit deshalb bisher keinen Namen. Dabei liegt er auf der Hand. So ein Gedankenaussetzer ist ein Sekundenschaf.
Die lustigsten Gedankenaussetzer versammelt dieses Buch – zum Lachen, Weitersagen und Verschenken.

Sb 073/2 · Rowohlt online: www.rowohlt.de · www.facebook.com/rowohlt

rororo 63069